DES

MALADIES POPULAIRES

ET DE

LA MORTALITÉ

EN 1866

DES
MALADIES POPULAIRES

ET DE

LA MORTALITÉ

A PARIS, A LONDRES, A VIENNE, A BRUXELLES, A BERLIN
A STOCKHOLM ET A TURIN

EN 1866

AVEC UNE

ÉTUDE MÉDICO-HYGIÉNIQUE

SUR LES

CONSOMMATIONS DANS CES VILLES

Par le Docteur L. VACHER

Deuxième Année

PARIS

F. SAVY, LIBRAIRE DE LA SOCIÉTÉ MÉTÉOROLOGIQUE DE FRANCE

24, RUE HAUTEFEUILLE, 24

1867

PRÉFACE

L'année 1866 comptera parmi les plus calamiteuses que
l'Europe ait traversées depuis le commencement de ce siècle.
La guerre courte, mais sanglante, qui a éclaté entre plusieurs
grandes puissances; l'épizootie qui a régné en Angleterre, en
Allemagne et dans les Pays-Bas; la famine qui a désolé la
haute Italie, la Hongrie, etc.; le choléra qui a sévi un peu
partout; enfin, et en même temps que ce dernier fléau, d'autres
épidémies presque aussi meurtrières, tout a concouru à faire de
1866 une année exceptionnellement désastreuse.

Le fait dominant de l'histoire médicale de 1866, c'est in-
contestablement le choléra. L'épidémie que nous venons de
traverser n'a pas fait moins de 200,000 victimes en Europe. On
a dit que les épidémies s'affaiblissent en se répétant; on verra
au contraire que si, sur certains points le nombre des décès
cholériques a diminué à chaque épidémie, ailleurs il a suivi
une marche absolument inverse; on verra d'ailleurs que partout
le choléra conserve sa malignité native, en d'autres termes,
que la léthalité reste la même, et qu'aujourd'hui comme aux
plus mauvais jours de 1832 et 1849, il tue presque invariable-
ment la moitié de ceux qu'il frappe. Ce qu'il importe de noter

aussi, c'est que la statistique constate ce résultat, non-seulement dans les pays où la thérapeutique du choléra est insignifiante ou nulle et où le mal est comme abandonné aux seuls efforts de la nature, mais encore dans ceux où la médecine intervient le plus activement et emploie ses plus savantes formules.

Un pareil résultat démontre l'impuissance radicale de nos méthodes de traitement appliquées au choléra; mais il est un fait qu'il faut aussi proclamer, c'est l'efficacité de l'hygiène préventive. Il ressort en effet des documents sur le choléra de 1865-1866 que là où des mesures promptes, énergiques, intelligentes ont été prises, le nombre des décès cholériques a été fort restreint; que là au contraire où l'ignorance et l'incurie ont laissé la porte ouverte et le champ libre à l'épidémie, la mortalité a pris des proportions qui rappellent les pestes les plus meurtrières dont l'histoire ait gardé le souvenir. Ainsi, on a vu le fléau faire à Constantinople en moins de dix jours près de 35,000 victimes. En Espagne, l'imprévoyance de l'administration centrale, qui ne sut rien ordonner, et la lâcheté des autorités locales, qui désertèrent leur poste dans beaucoup de localités, livrèrent la population sans défense aux atteintes du choléra; et à Valence on constata 16,000 morts sur une population de 110,000 habitants, dont les deux tiers avaient pris la fuite. Dans la Grande-Bretagne au contraire, l'épidémie se trouve définitivement ramenée aux proportions d'une maladie ordinaire, grâce à l'intelligente initiative des *vestries* ou paroisses électives, grâce surtout à un ensemble de mesures qui constituent le plus parfait système de protection sanitaire qui ait été imaginé en aucun temps et dans aucun pays.

Eu égard à son importance, l'épidémie de choléra tiendra la

plus grande place dans le travail que nous publions aujourd'hui. Ce travail est, à quelques retouches près, la reproduction du Mémoire que j'avais présenté au concours ouvert par la Faculté de médecine de Paris sur les *Maladies populaires en 1866*, et auquel le jury a accordé une de ses récompenses. Il forme une suite naturelle à l'ouvrage que j'ai publié, il y a un an, sur la mortalité dans quelques capitales en 1865; mais il s'en distingue par un caractère plus médical. Dans la première publication je considérais surtout la mortalité au point de vue de l'influence du sexe, de l'âge et du climat, fondant mes recherches sur les données statistiques que j'avais sous la main. Dans ce nouveau travail j'ai dû, pour me conformer aux termes du concours, envisager les maladies en faisant une large part à l'observation clinique : mais même ici j'ai tiré parti des ressources que m'offrait la statistique, pour étendre et corroborer par des chiffres certains résultats de l'observation médicale.

Je présente ici, comme je l'avais fait dans l'*Étude sur la mortalité en 1865*, un résumé des observations météorologiques par saisons, en regard des maladies régnantes. Un travail analogue avait été commencé vers la fin du siècle dernier sous les auspices de la Société royale de médecine. Les membres les plus distingués de cette illustre compagnie, les Vicq-d'Azyr, les Lorry, les Geoffroy publiaient chaque année dans leurs *Mémoires* l'histoire des maladies populaires, pendant que de son côté le savant Père Cotte insérait dans ce recueil les éléments météorologiques qui se liaient à la constitution régnante. Vingt années d'observations faites sur ce plan eussent sans aucun doute répandu quelque jour sur cette question si obscure des constitutions médicales, qu'on a appelée non sans raison l'astrologie de la médecine. Mais l'œuvre de la *Société royale* fut interrompue trop tôt. La Révolution, qui emporta tant de mauvaises institutions, ne respecta malheureusement pas celle-ci qui était bonne (1). La tourmente de 93 dispersa la Société de médecine et ajourna pour longtemps une entreprise qui, dans la pensée de ses auteurs, ne prétendait à rien de moindre qu'à débarrasser la médecine du dernier vestige des causes occultes, et à faire rentrer le Θειον τι des constitutions hippocratiques dans un ordre calculable des faits physiques.

Ce Mémoire se termine par une étude médico-hygiénique sur les consommations à Paris, à Vienne, à Berlin, à Turin et à Londres. Une telle étude n'est pas déplacée dans une histoire des maladies populaires; car, ainsi que nous l'établissons par des faits, les substances alimentaires dans les grandes villes, par les adultérations audacieuses dont elles sont chaque jour l'objet, peuvent devenir le point de départ de maladies fort graves.

Cette préface est la place naturelle pour remercier les savants français ou étrangers qui ont bien voulu mettre comme par le passé leurs documents à ma disposition : je nommerai MM. les docteurs Farr (de Londres), Glatter (de Vienne), Berg (de Stockholm), Schwabe (de Berlin), Janssens (de Bruxelles), Maestri (de Florence) et M. Motheré, qui dirige le *Bulletin de*

---

(1) Il faut bien le dire aussi : la Société royale de médecine avait un travers, qui n'a pas absolument disparu avec elle : elle recherchait, plus qu'il ne convenait à un corps de savants, les patronages augustes. Lieutaud, Lassonne, Vicq-d'Azyr et autres médecins de cour ou médecins courtisans (c'est tout un) ne contribuèrent pas peu à jeter la Société du Louvre dans une voie où ils trouvaient honneurs et profit, mais où elle devait trouver sa ruine. Quand la monarchie fut renversée, elle entraîna dans sa chute, suivant l'expression du poëte,

> Tous ceux que sa fortune
> Faisait ses serviteurs.

statistique municipale de Paris. C'est leur œuvre que je leur restitue, réunie dans un travail de généralisation, où les documents s'éclairent les uns par les autres. Grâce à ce libre échange d'idées international, la statistique médicale, qui est encore si arriérée, prendra, il faut l'espérer, la place qu'elle doit occuper parmi les autres branches de la statistique générale.

Je manquerais à tous les devoirs de la reconnaissance si je ne remerciais ici publiquement M. Ch. Sainte-Claire-Deville (de l'Institut) pour les précieuses indications que j'en ai reçues sur les questions de météorologie, dans lesquelles il est si compétent, et pour les bienveillantes paroles dont il a accompagné la présentation à l'Académie des sciences de nos tableaux de météorologie.

Je dois aussi exprimer ma gratitude à la presse et au public médical pour l'accueil sympathique qu'ils ont fait à l'*Essai sur la mortalité en* 1865; cet accueil seul a rendu possible la continuation de ce travail.

I

COUP D'ŒIL SUR LA CONSTITUTION MÉDICALE
DE LA FIN DE L'ANNÉE 1865.
CONSTITUTION MÉDICALE DE L'HIVER 1866.

Qui autem ad observandum adjiciet animum, ei etiam in rebus quæ vulgares dicuntur multa observatu digna occurrent.
(BACON, *de Augm. scient.,* liv. IV.)

Observations météorologiques et médicales de l'hiver 1866.

	THERMOM.	BAROMÈTRE.	HYGROM.	MALADIES RÉGNANTES.
Paris. , . .	6º	753mm	68	variole-fièvre typhoïde.
Londres. . .	5º,1	751	84	scarlatine-fièvre typhoïde.
Vienne . . .	3º,5	325 lig.	76	variole-croup-fièvre puerpérale.
Bruxelles . .	5º,9	752	77	» »

Avant de décrire les maladies qui ont régné en 1866, je dirai quelques mots de la constitution médicale de l'automne en 1865 ; car, c'est de cette constitution que procèdent, ainsi qu'on va le voir, les maladies populaires observées au commencement de 1866.

On se souvient que le choléra fit son apparition à Paris dans la seconde quinzaine de septembre 1865, et qu'il continua de sévir pendant les derniers mois de cette année. Mais, en même temps que le choléra, on vit régner épidémiquement la fièvre typhoïde et la petite vérole. On a souvent répété, d'après

Sydenham (1) que, lorsque plusieurs maladies épidémiques sévissent en même temps, il en est une qui prend le pas sur toutes les autres et a pour effet de diminuer la mortalité qu'elles occasionnent. C'est précisément l'inverse de cela que nous avons observé à Paris en 1865. La fièvre typhoïde et la petite vérole, qui éta'ent les maladies dominantes au moment où éclata le choléra, loin de s'effacer devant le fléau, prirent, au contraire, en sa présence un redoublement d'intensité, et continuèrent à sévir, même longtemps après que l'épidémie du choléra eut disparu (2).

Au moment où s'ouvre l'année 1866 nous nous trouvons ainsi en présence d'une épidémie de choléra qui est à son déclin et de deux maladies épidémiques, la variole et la fièvre typhoïde, qui sont dans leur période d'état. Nous allons en poursuivre le développement dans l'année qui vient de s'écouler.

Quand une maladie épidémique, après avoir sévi dans une localité, tend à disparaître, elle ne cesse pas en général d'une manière brusque. On rencontre de loin en loin, et souvent même longtemps après que l'épidémie est considérée comme éteinte, des cas isolés qui ont toute la gravité du mal dans sa période d'acuité. Sydenham, qu'il faut souvent citer quand on parle d'épidémies, sauf à le contôler, avait signalé cette particularité à propos de la grande peste de Londres en 1666, et il recommandait aux médecins de surveiller, *à tergo morbum insequi*, ces dernières manifestations (3) de la maladie à son déclin, ces

---

(1) Quod sedulo advertendum, quum plures aliquot eorum morborum eumdem annum fatigent, unus eorum aliquis reliquorum prædominio potitur, cæteris iu ejus quasi ditionem redactis, et parcius id temporis sævientibus. — SYDENHAM, *de Morb. epid.*, pag. 44 de l'édit. de Leyde.

(2) Voir *Étude sur la mortalité en 1865*, page 70 et 77.

(3) Sydenham faillit être victime d'une de ces attaques ultimes, dans la peste de Londres. Il ne fait pas difficulté d'avouer qu'il s'était enfui de cette ville quand le fléau envahit son quartier, *proximo pariete ardente*; il ajoute, sans doute comme circonstance atténuante, qu'il revint à Londres beaucoup plus tôt que ceux de ses voisins qui s'étaient comme lui réfugiés à la campagne (*Pestis Londini*, pag. 123.)

derniers coups de feu de la bataille, qui ne sont pas toujours les moins redoutables.

La médecine contemporaine professe, au contraire, que le choléra perd de sa gravité à mesure qu'il approche de sa fin, et que les derniers cas sont moins souvent mortels que ceux qu'on observe au plus fort de l'épidémie. Je crois que cette manière de voir n'est pas exacte. Sur quoi se fonde-t-on en effet pour avancer que le choléra est moins grave quand l'épidémie est à son déclin ? Sur des observations personnelles qui déposent en faveur de cette opinion. Mais ces observations ne forment qu'une minime partie de la totalité des cas; car un homme ne peut pas tout voir, quelque étendue que soit sa pratique.

Pour décider la question, il faudrait avoir une statistique complète des cas de choléra qui se produisent et chercher combien, sur un même nombre d'attaques (100 par exemple), ont été suivis de mort au commencement de l'épidémie, au milieu et à la fin. Or, une pareille statistique n'existe pas pour Paris, où l'administration n'enregistre que les cas mortels. Mais il existe quelques pays, quelques villes en Europe où les statistiques officielles indiquent le nombre total des cas de choléra et le nombre des décès. Eh bien, toutes ces statistiques s'accordent à montrer, contrairement aux idées reçues, que la mortalité *relative* (sur 100 attaques), celle qui donne la mesure vraie de la gravité du choléra, est maximum au déclin de l'épidémie; voici les chiffres :

Épidémie de choléra à Naples et à Ancône en 1865-66.

NAPLES.	attaques	décès	déc. s. 100 att.		ANCONE.	attaques	décès	déc. s. 100 att.
Oct. 1865	551	267	48		Juill. 1865	563	257	46
Nov. —	5.021	2.710	54		Août. —	4.824	2.455	51
Déc. —	687	392	57		Sept. —	788	406	51
Janv. 1866	12	10	83		Oct. —	28	20	71

Choléra en Hollande et à Stockholm en 1866.

HOLLANDE.	attaques	décès	déc. s. 100 att.	STOCKHOLM.	attaques	décès	déc. s. 100 att.
Avril.....	121	87	72	Juin.......	11	7	63
Mai......	898	498	55	Juillet....	701	285	40
Juin......	7.916	4.748	60	Août.....	1.198	307	26
Juillet.....	12.131	7.235	60	Septembre	171	43	25
Août.....	5.151	3.351	65	Octobre...	16	12	75
Septembre	3.979	2.629	78				

Choléra à Berlin en 1866.

	attaques	décès	déc. s. 100 att.		attaques	décès	déc. s. 100 att.
Juin......	115	70	61	Septembre	997	655	65
Juillet....	4.819	3.188	66	Octobre..	545	394	72
Août..;...	1.690	1.132	66	Novembre	20	18	90

Pendant que le choléra s'éteignait lentement à Paris, l'épidémie de petite vérole, dont le début remontait au mois d'août 1865, continuait à faire un grand nombre de victimes. Il est permis de se demander si cette épidémie était uniquement localisée à Paris, et si elle ne sévissait pas en même temps dans d'autres capitales. Or, les bulletins de la mortalité à Paris, à Londres, à Vienne et à Bruxelles en 1866 montrent que, tandis que la variole était en décroissance à Paris à partir de janvier, mais tout en gardant pendant l'hiver les proportions d'une épidémie, à Londres elle suivait une marche absolument inverse; et plus près de nous à Bruxelles la mortalité était insignifiante, ce qui prouve que les épidémies de variole comme celles de choléra sont toutes locales et absolument indépendantes les unes des autres. Nous aurons à constater la même particularité à propos de la rougeole qui a sévi à Paris en 1866, avec cette circonstance de localisation encore plus remarquable, que certains quartiers en ont été indemnes, tandis que d'autres ont été le foyer presque exclusif de l'épidémie.

L'épidémie de variole de 1865-1866, bien que ne différant pas dans ses caractères généraux de celles que nous avons vues en 1854, 1857, 1862, a été marquée par un nombre insolite de varioles noires ou hémorrhagiques. Les comptes rendus mensuels de la Société médicale des hôpitaux en signalent un assez bon nombre d'exemples ; j'ai eu moi-même occasion d'en observer deux cas, dont un très-remarquable sur une femme de quarante ans, qui n'avait jamais été vaccinée et qui succomba au quatrième jour de l'invasion, et avant que l'éruption se fût faite. Les vomissements opiniâtres, sans colique ni douleur abdominale, un mal de reins atroce et continu, ne pouvaient laisser de doute sur la nature de la maladie. Il s'était fait dans les derniers instants de la vie une suffusion hémorrhagique de tous les capillaires de la peau, et le corps avait un aspect lie de vin, qui persista sur le cadavre et qui fit croire au médecin vérificateur des décès qu'il s'agissait d'un *purpura hemorrhagica*. En outre, on remarquait à la vulve une certaine quantité de sang très-rouge. Je crus d'abord que cela tenait à une de ces pertes sanguines de l'utérus comme on en observe quelquefois au début de certaines affections aiguës, et que M. Gubler a désignées sous le nom d'*epistaxis utérines* ; mais en examinant la chose de près, je vis que le sang sortait de l'urèthre ; il venait de la vessie et très-probablement du rein. Les déterminations rénales ne sont pas rares dans les fièvres éruptives, soit qu'elles se traduisent par l'hématurie, par l'albuminurie, ou même par la suppression absolue des urines. Ce phénomène de la miction sanguine dans la variole est un symptôme à noter au point de vue du pronostic : Sydenham le regardait comme un signe certain de mort (1).

Un autre caractère de cette épidémie, c'est la gravité qu'a offerte parfois la variole sur des individus qui présentaient des traces non équivoques de vaccination. Ayant été frappé plu-

______

(1) *Hæmorrhagia hæc, quatenus mihi hactenus observare licuit, indubie mortem prænuntiat-* — *Variol.* ann. 1666, pag. 160.

sieurs fois de la bénignité de cette affection sur les individus porteurs de plusieurs cicatrices vaccinales, j'ai voulu savoir s'il existait une relation entre le nombre de ces cicatrices et le degré de gravité de la maladie. J'ai recueilli, dans cette pensée, trente et une observations d'individus atteints de petite vérole. Je notais dans chaque cas le nombre et la forme des cicatrices qui étaient plus ou moins apparentes, plus ou moins gaufrées, et je suivais la marche de la maladie, en tenant compte de sa durée et des accidents. Pour rendre les résultats comparables, j'ai évalué la durée par le nombre de jours écoulés entre la date de l'éruption et celle de la dessiccation complète des pustules, ou bien jusqu'à la mort quand elle est survenue. Je vais présenter ici un résumé de ces observations.

1º *Individus sans cicatrices vaccinales.*

Nous trouvons dans ce groupe neuf personnes sur lesquelles six n'avaient jamais été vaccinées ; une avait été vaccinée, mais sans présenter la moindre trace de vaccination ; une autre avait été vaccinée trois fois sans succès dans son enfance ; enfin il y avait doute pour une. Sur les six personnes qui avaient été vaccinées, deux sont mortes, l'une au quatrième jour (c'est la femme dont il a été question plus haut), l'autre au quarante-cinquième jour de la maladie ; sur les quatre autres non vaccinées, la variole s'est compliquée d'accidents plus ou moins graves et a présenté une durée variant de vingt-cinq à trente-sept jours ; en outre, l'éruption a été confluente sur tous les quatre.

L'individu qui avait été vacciné dans son enfance, mais sur lequel j'ai vainement cherché les traces de la vaccination, a eu une variole discrète, qui a duré seize jours, d'ailleurs sans aucune espèce d'accidents. Je dois ajouter que le sujet n'avait que quinze ans, circonstance dont il faut tenir compte, car il est d'observation commune que la variole est, toutes choses égales d'ailleurs, d'autant plus bénigne que le sujet est moins âgé, c'est-à-dire qu'il s'éloigne moins de l'époque de la vaccination.

La femme qui avait été vaccinée trois fois sans succès dans

son enfance a eu une variole semi-confluente, qui a duré trente jours.

Enfin, l'individu pour lequel il y avait doute s'il avait été vacciné, mais qui ne portait pas de cicatrices apparentes, a eu une variole confluente qui a duré trente jours ; c'était un garçon de trente-cinq ans.

2° *Individus à une cicatrice vaccinale.*

Je n'en ai observé que deux cas : l'un sur un homme de trente-cinq ans, qui a eu une variole semi-confluente, dont la durée a été de dix-huit jours, l'autre sur un homme de quarante-sept ans, chez qui la variole a été confluente et a duré vingt-six jours.

3° *Individus à deux cicatrices vaccinales.*

Nous trouvons dans ce groupe trois personnes, qui toutes ont eu une variole semi-confluente d'une durée de quinze, quinze et vingt-huit jours. Chez une seule de ces personnes il s'est présenté des accidents de quelque gravité.

4° *Individus à trois cicatrices vaccinales.*

Cette catégorie comprend quatre malades. Chez un l'éruption a été confluente, chez les trois autres discrète ; la durée de la maladie a été de vingt-six jours chez le premier, et de douze, treize et quatorze jours chez les autres ; dans aucun cas il n'y a eu d'accidents notables.

5° *Individus à quatre cicatrices vaccinales.*

Ce groupe renferme six individus qui tous ont eu une variole très-discrète, d'une durée ayant varié de huit à dix-sept jours.

6° *Individus à cinq cicatrices vaccinales.*

Ce groupe renferme cinq individus. Chez un la variole a été confluente et a duré vingt-neuf jours et s'est compliquée à son début d'un délire violent ; chez les quatre autres l'éruption a été extrêmement discrète, à ce point que le nombre des boutons de la figure ne dépassait pas trente à quarante. D'ailleurs la durée de la maladie a été très-courte et il n'y a pas eu d'accidents.

7º *Individus à six cicatrices vaccinales.*

Je trouve deux individus appartenant à cette catégorie. Chez tous les deux la variole a été on ne peut plus discrète et a été de courte durée.

Je résume ces observations dans le tableau numérique suivant :

NOMBRE des CICATRICES	NOMBRE d'individus port. DES CICATRICES	DURÉE moyenne DE LA VARIOLE.	VARIOLE DISCRÈTE	VARIOLE SEMI-CONFLUEN.	VARIOLE CONFLUEN.	DÉCÈS.
0	9	29 jours.	1	1	6	2
1	2	23 —	»	1	1	»
2	3	18 —	»	3	»	»
3	4	16 —	3	»	1	»
4	6	11 —	6	»	»	»
5	5	14 —	4	»	1	»
6	2	13 —	2	»	»	»

S'il est permis de tirer des conclusions de cet ensemble d'observations, que j'aurais voulu multiplier davantage, on peut dire que la petite vérole a été d'autant plus légère que les cicatrices vaccinales étaient conservées en plus grand nombre ; toutefois la règle n'est pas absolue ; c'est ainsi qu'un individu qui ne présentait pas de cicatrices vaccinales a eu une variole extrèmement bénigne et de courte durée, tandis que deux autres individus porteurs, l'un, de trois cicatrices, l'autre, de cinq, ont eu une variole confluente ; pour ce dernier je dois faire remarquer que les cinq cicatrices étaient peu apparentes, qu'elles n'avaient pas l'aspect gaufré que j'ai remarqué dans les autres cas. Je crois qu'en bonne statistique il faut tenir compte du nombre et aussi de l'aspect des cicatrices.

Enfin, sur ces trente et une observations nous ne rencontrons que deux décès survenus chez deux malades ne présentant pas de traces de vaccination : ce n'est pas à dire que la mort ne survienne jamais dans le cas où l'individu porte des cicatrices vaccinales : les *Bulletins de la Société médicale de* 1866 citent une dizaine de cas de mort chez des personnes qui portaient encore les traces d'une vaccination légitime. Mais ce sont là des faits exceptionnels, qui, par là même, devaient attirer plus vivement l'attention, et dont on a exagéré la portée. Je persiste donc à croire, malgré tout ce qui a été dit, que le nombre des décès survenus dans ces conditions est incomparablement plus petit que celui des décès constatés dans le cas où les individus n'avaient pas été vaccinés, ou ne présentaient pas de signes de vaccination antérieure. A l'appui de cette manière de voir, je citerai les chiffres suivants, extraits des rapports annuels de l'hôpital des varioleux de Londres. On sait que les médecins de cet hôpital tiennent compte dans leurs relevés du nombre de cicatrices vaccinales (1).

STATISTIQUE DES DÉCÈS PAR VARIOLE

Constatés pendant 15 *ans à* Small pox hospital *de Londres.*

	admissions	décès	décès sur 100 admis
Sujets non vaccinés, non inoculés, n'ayant pas eu la petite vérole..	2.654	996	35,5
Sujets ayant eu la petite vérole...	14	0	0
Sujets inoculés...	27	7	23
Sujets vaccinés et sans cicatrices...	290	74	21,7
Sujets porteurs d'une cicatrice....	1.357	125	7,6
Sujets porteurs de deux cicatrices.	888	53	4,1
Sujets porteurs de trois cicatrices.	274	10	1,8
Sujets porteurs de quatre cicatrices ou plus,....	268	3	0,74
Sujets non classés,....	25	6	»
TOTAL....	5.797	1.274	»

Cette statistique porte sur un nombre d'individus assez

(1) Il serait à désirer que dans les *Bulletins de statistique* que l'Administration de l'assistance à Paris fait distribuer aux médecins des hôpitaux, il fût tenu compte du nombre et de l'état des cicatrices des individus atteints de variole.

considérable pour qu'on puisse tirer de ces chiffres des conclusions d'une exactitude suffisamment approchée. On voit que
les individus qui n'étaient pas protégés par la vaccination ou
par l'inoculation (on sait que quelques praticiens persistent
encore à inoculer en Angleterre, malgré la découverte bientôt
séculaire de Jenner), ou par une variole antérieure sont morts
dans la proportion de 35 pour 100; c'est-à-dire que dans cette
catégorie d'individus la variole a tué plus d'un tiers de ceux
qu'elle a frappés, proportion plus forte que celle qui est indi-
quée dans les *Mémoires* de la Condamine à l'Académie des
sciences. Il ressort pleinement de ces données quel a variole est
une affection d'autant plus bénigne chez les individus vaccinés
qu'ils portent un plus grand nombre de cicatrices apparentes.

La médecine contemporaine, pour établir le pronostic de la
variole, se sert encore des règles formulées par Sydenham, et
qui toutes sont tirées de l'observation des symptômes et de la
marche de l'affection. Si la vaccination eût été pratiquée au
temps où vivait ce grand médecin, la relation qui existe entre
le degré de gravité de l'affection et le nombre des cicatrices
n'eût certainement pas échappé à son esprit observateur, et il
n'est pas douteux qu'il n'en eût tiré parti pour en faire une des
bases du pronostic.

Le nombre des décès occasionnés par la petite vérole dans les
trois premiers mois de 1866 a été à Paris de 291, à Londres
de 245, à Vienne de 107.

J'achèverai ce que j'ai à dire de l'épidémie de petite vérole
en appelant l'attention sur un mode de communication de cette
maladie d'autant plus redoutable qu'il est à peine soupçonné
du public et qu'il expose incessamment la population de Paris
à contracter la petite vérole. Les individus qui entrent à l'hôpital pour être traités de la variole et en général d'une fièvre
éruptive y sont presque toujours conduits dans des voitures
publiques; en outre, quand ils quittent l'hôpital pour se rendre
dans un asile de convalescence, ils sont transportés dans les
mêmes voitures que les autres malades. Ces individus en puis-
sance de variole ou déjà convalescents dégagent autour d'eux et

déposent sur les objets avec lesquels ils sont en contact des germes morbides, des miasmes qui peuvent servir à propager la maladie. Il y a des exemples de variole contractée de cette manière. Dans un rapport lu par M. Besnier à la Société médicale des hôpitaux (1), nous trouvons cette déclaration significative : « Nos investigations personnelles nous ont démontré de la manière la plus positive que dans un très-grand nombre de cas la variole se développait non-seulement chez des convalescents pendant leur séjour à l'hôpital, mais encore chez des convalescents transportés à Vincennes ou au Vésinet dans les mêmes voitures que les individus qui relèvent de variole. Nous avons, il y a déjà longtemps, signalé cette dernière cause de contagion à l'attention éclairée de M. le Directeur de l'Assistance publique. »

Malgré cet avertissement, les choses sont restées dans le même état : les varioleux convalescents sont comme par le passé transportés pêle-mêle avec les autres malades dans les asiles du Vésinet et de Vincennes, et les omnibus de l'Administration des hôpitaux continuent à être des nids de fièvres contagieuses, ce qui prouve une fois de plus combien il est difficile d'obtenir d'administrateurs étrangers à l'art médical les réformes les plus indispensables ; ce qui prouve aussi la justesse de cette réflexion de Malgaigne : *les malades ne seront heureux que lorsque leurs administrateurs seront médecins, ou leurs médecins administrateurs.*

Il est établi que le transport des varioleux, et en général des individus atteints de fièvres éruptives, dans des voitures destinées à recevoir d'autres personnes, multiplie les chances d'infection déjà si nombreuses. Plus explicite que M. le docteur Besnier, nous tirons de ce fait la conclusion pratique qu'il ren-

---

(1) Voir *Bulletin de la Société médicale des hôpitaux*, année 1866, pag. 34. Nous avons consulté pour la rédaction de ce Mémoire les très-remarquables rapports que M. Besnier a lus devant cette Société sur les maladies observées dans les hôpitaux en 1866.

ferme, à savoir, qu'il est indispensable que l'Administration de l'assistance publique établisse un système de voitures destinées exclusivement au transport des malades atteints d'affections contagieuses, soit qu'il faille transférer les malades de l'hôpital dans un asile de convalescence, soit même qu'il faille les conduire de leur domicile à l'hôpital. A défaut de nos conseils, si quelque chose pouvait déterminer l'Administration des hôpitaux à prendre cette mesure, c'est l'exemple suivi depuis longtemps en Angleterre. Il y a déjà quelques années que, sur la demande de la Société épidémiologique, de semblables voitures ont été installées dans les hôpitaux de Londres; elles sont connues sous le nom de *hospital carriages for zymotic diseases;* elles ont la forme d'un brougham ; le coupé communique avec la caisse du marche-pied, de façon que le malade peut s'étendre de son long et reposer aussi à l'aise que dans son lit; à l'intérieur au lieu d'une banquette il y a une sorte de couchette ou sommier matelassé en caoutchouc, que l'on peut laver. Mais il n'y a ni linge, ni étoffe pouvant retenir les miasmes. Le prix de chaque voiture est de 100 livres (2,500 francs). Deux de ces voitures sont attachées au service de *Fever hospital,* et mises à la disposition de toute personne qui en fait la demande à l'hôpital, et qui consent à payer la course. Quatre autres voitures desservent les hôpitaux de *London, Saint-George, Saint-Mary* et *Middlesex.*

Parmi les autres maladies zymotiques qui ont régné dans l'hiver, je citerai la fièvre puerpérale, qui, durant le mois de février, a fait en ville et dans quelques hôpitaux un certain nombre de victimes. L'hospice de la Maternité sur 74 accouchements a compté 30 décès par métro-péritonite. Je ferai remarquer, à propos de cette grande mortalité, que durant tout le mois de février les conditions atmosphériques ont été celles dont j'ai observé constamment la coïncidence avec les épidémies de fièvre puerpérale : temps humide et froid, vent du sud et sud-ouest prédominant. Le nombre des jours pluvieux a été de 25 sur 28, l'état hygrométrique moyen de 82 (la saturation complète de l'air était représentée par 100), et la température, moyenne de 6°,5. A ceux qui invoquent le froid comme cause productrice des épidémies de fièvre puerpérale, ou du moins comme condition favorable à son développement, je répondrai qu'on ne voit jamais ces épidémies régner par un temps sec et froid (1).

Je dois mentionner encore la fièvre typhoïde qui régnait épidémiquement à Paris depuis le mois d'août 1865, et qui, contrairement à la loi de balancement des épidémies, formulée par Sydenham, ne perdit rien de son intensité en présence du choléra; au mois de janvier 1865 elle était encore dans sa période d'état. Le nombre des décès par fièvre typhoïde a été en ville de 87, et dans les hôpitaux de 44, pendant le mois de janvier. Le nombre des malades traités pour cette affection dans les hôpitaux était de 170, c'est-à-dire que la maladie a été mortelle une fois sur quatre, proportion considérable qui tient à ce que la fièvre typhoïde a revêtu sa forme la plus grave, la forme ataxo-adynamique ; on a même observé quelques cas de fièvre typhoïde cérébro-spinale. Dans les mois de février et mars, le nombre des typhoïsants a été moins considérable ; dans les hô-

---

(1) Dans l'*Étude sur la mortalité en 1865*, j'insistais sur cette coïncidence du développement de la fièvre puerpérale épidémique avec l'état hygrométrique de l'air, coïncidence sur laquelle M. Espagne, professeur agrégé à la faculté de médecine de Montpellier, a appelé l'attention dans un mémoire présenté à l'Académie des sciences. Il m'a été demandé quelle influence l'humidité de l'air pouvait exercer sur le développement de la fièvre puerpérale ; voici ma réponse : il est d'observation que l'air humide est meilleur conducteur que l'air sec de certains principes tels que l'électricité, les particules odorantes, en d'autres termes que la vapeur d'eau contenue dans l'air accroît le pouvoir diffusif de ce corps; l'analogie porte à croire qu'il en est ainsi pour les miasmes ; cela n'est pas douteux pour le miasme paludéen. Quand on traverse les régions insalubres de l'Italie connues sous le nom de Maremmes, les *vetturini* ont bien soin d'avertir l'étranger qu'il s'expose à contracter la *mal'aria* s'il voyage de nuit, c'est-à-dire quand l'air est saturé des vapeurs miasmatiques qui s'élèvent de la surface des marais. C'est pour avoir négligé cet avis, et voulant échapper à la chaleur torride du jour, que le mathématicien Cirodde et Renaud d'Alfort succombèrent en Toscane à la fièvre pernicieuse. Ainsi s'expliquerait le développement de la fièvre puerpérale, qui peut éclater spontanément par toute condition atmosphérique, mais qui ne revêt la forme épidémique que lorsqu'elle trouve dans l'humidité de l'air une condition favorable à la diffusion du miasme.

pitaux la proportion des décès s'est abaissée de 25 à 15 p. 100.

Je ne dirai rien des affections des voies respiratoires, qui ont eu leur cours habituel dans cette saison, sans rien présenter d'exceptionnel. Une seule des maladies de cette classe a pris tout à coup au mois de mars une extension considérable et est devenue la maladie dominante de ce mois et du mois d'avril. Nous allons la retrouver parmi les maladies populaires du printemps.

CONSTITUTION MÉDICALE DU PRINTEMPS

	Thermomètre	Baromètre	Hygromètre	Maladies régnantes
Paris.....	14°,4	755mm,6	44	grippe, rougeole.
Londres...	11°,6	756	76	rougeole.
Vienne....	14°,4	330 lig.	62	scarlatine, fièvre typhoïde.
Bruxelles .	13°,7	755	56	maladies des voies respiratoires.

Dans le mois de mars, on vit apparaître à Paris une maladie qui prit le pas sur toutes les autres et forma la constitution régnante des mois de mars et d'avril : nous voulons parler du catarrhe épidémique ou grippe. « La grippe, dit M. Moutard-Martin, qui a frappé presque toute la population de Paris, a été presque la seule maladie constatée aux consultations de l'hôpital Beaujon (1). » Il n'y a pas d'exagération à dire qu'un quart des habitants de la capitale ont été atteints de grippe. Cette affection est plus ancienne et plus fréquente à Paris qu'on ne le croit généralement; elle remonte bien plus haut que ne l'indique M. Raige-Delorme dans le savant article qu'il a consacré à la grippé dans le Dictionnaire en 30 volumes. Rappe-.

(1) *Bulletin de la Société médicale des hôpitaux*, pag. 68, année 1866.

lons-en quelques traits épars dans les anciennes chroniques, en prévenant le lecteur que ce que nous appelons aujourd'hui la grippe, se trouve désigné sous les noms de catarrhe épidémique, rhume, coqueluche; la description des symptômes ne laisse aucun doute sur l'identité de la maladie désignée sous ces noms divers.

Dans les *Mémoires pour servir à l'histoire de France et de Bourgogne sous les règnes de Charles VI et Charles VII*, on lit : « Si advint qu'un méchant air corrompu chut sur tout le monde, qui plus de cent mille personnes à Paris mist en tel état..... les superstitieux prononcèrent tout haut que c'étoit vengeance et punition divine sur tous ceux qui avoient chanté certain vaudeville fort licentieux qui couroyoit alors ; et ils en avoient tellement persuadé le peuple, que ceux qui se trouvoyent guarys demandoyent en plaisantant aux autres : en as-tu ? oh ! par ma foy, tu as chanté la chanson. »

Pasquier (*Recherches sur la France*, liv. iv, ch. 28) rapporte que dans les registres du Parlement, à Paris, il est fait mention d'une épidémie, le 26 avril 1403, qui obligea à suspendre les audiences : « quand on estoit au sermon, on ne pouvoit entendre ce que le sermonneur disoit, par la grand noise des tousseurs. »

Monstrelet (*Chroniq.*, t. I, p. 202), rapporte qu'une épidémie de coqueluche sévit à Paris en février et mars 1413. Une des épidémies de grippe les plus intenses qu'on ait observées dans cette capitale est celle de 1780. Geoffroy rapporte, dans les *Mémoires de la Société de médecine*, qu'au mois de janvier de cette année, le catarrhe épidémique fut si général, que les plaidoiries cessèrent au Châtelet, la musique de Notre-Dame fut interrompue pendant trois jours, et, ajoute-t-il, ce qui ne s'était point vu de mémoire d'homme, le spectacle de l'Opéra manqua un jour!

C'est un fait observé depuis longtemps qu'une maladie dominante laisse généralement son empreinte et quelque chose de son génie sur les maladies secondaires qui règnent en même temps. C'est ce que nous avons observé pour la grippe à Paris en 1866. Ainsi, son influence s'est traduite sur la rougeole par

des déterminations bronchiques, qui ont été beaucoup plus fréquentes au mois de mars et d'avril qu'à aucune autre époque.
On retrouve aussi l'influence du catarrhe épidémique dans la
pneumonie des vieillards. C'est à tort qu'on a dit que le catarrhe avait dégénéré en fluxion de poitrine : il y avait ici deux
états pathologiques superposés et se compliquant mutuellement,
l'état catarrhal et l'inflammation du tissu pulmonaire. C'est
cette forme de pneumonie qui a été déjà observée dans l'épidémie de grippe de 1837 à Paris, et dont M. Grisolle le premier
montra la relation avec la constitution médicale régnante (1).
J'ajouterai que c'est sans doute à cette complication que la
mortalité par pneumonie chez les vieillards s'est sensiblement
accrue à Paris pendant les mois de mars et d'avril. Sur 412 décès
par pneumonie en mars, les vieillards au-dessus de 60 ans en
ont fourni 160, soit 40 p. 100; en avril, on trouve encore 124
décès de vieillards sur 347 décès au total ; c'est encore une proportion de 39 p. 100. La mortalité moyenne chez les vieillards,
pour toute l'année, n'est que de 34 p. 100.

Quelle peut être la cause de cette maladie? Question du même
ordre que celle de l'origine du choléra et de toutes les maladies épidémiques, et sur laquelle la science actuelle n'est pas
en état de répandre de grandes lumières. La soudaineté de
l'invasion de la grippe, sa diffusion rapide, sa localisation dans
les voies respiratoires, portent à penser qu'elle reconnaît pour
cause une modification subite et passagère de l'atmosphère que
nous respirons. A Saint-Pétersbourg, après un brusque abaissement de température de 20 degrés en hiver, plus de 40,000 personnes furent atteintes de grippe : à Paris, l'épidémie de 1781
coïncida avec l'apparition d'un brouillard âcre et très-intense.
M. Leigh, régistraire du district de Deansgate à Mancheter, où a
sévi la grippe, fait la remarque suivante : « Cette affection ne
tient pas à une température froide : le vent de l'est est à Man-
chester beaucoup moins froid que celui du nord; quand ce vent

---

(1) Voir *Presse médicale*, n° du 15 janvier 1837.

vient à souffler, dans certaines saisons, il nous apporte presque toujours l'*influenza ;* quelques heures suffisent pour que la maladie se déclare chez un grand nombre d'individus (1). »

L'épidémie s'est présentée à Paris avec ses caractères classiques tant de fois observés et tant de fois décrits ; mal de tête violent, gorge douloureuse, enrouement, courbature générale, phénomènes généraux d'une intensité peu en rapport avec la bénignité de la maladie, et qui dans certains cas ont pu en imposer et donner l'idée d'une fièvre typhoïde commençante. On a signalé, dans un certain nombre de cas, des douleurs thoraciques, sans symptômes d'inflammation pulmonaire, c'est-à-dire des pleurodynies. Nous devons ajouter que le mal cédait facilement à l'emploi des sudorifiques et des boissons adoucissantes, aidés de l'ipéca quand il s'y joignait l'état saburral et l'embarras gastrique. Enfin, dans quelques cas où la fièvre avait une intermittence marquée, on a employé avec succès le sulfate de quinine.

Si la grippe a atteint à Paris un très-grand nombre de personnes, elle a été, en revanche, très-rarement mortelle. Il n'en a pas été de même d. la rougeole qui a sévi épidémiquement pendant les mois de mars, avril, mai et juin et qui a fait un grand nombre de victimes, non-seulement dans la première enfance, mais encore, ce qui est plus rare et démontre son caractère épidémique, parmi les adultes ; voici les chiffres à l'appui :

Mortalité causée par la rougeole à Paris.

	(0 — 5 ans)	(5 — 15 ans)	(15 — 40)
Avril 1866.......	105 décès.	7 décès.	2 décès.
Mai..............	100	7	3

La rougeole étant, comme les autres maladies zymotiques, d'un

---

(1) *On the causes of the viciation of the atmosphere of large towns in quaterly return,* n° 70.

diagnostic en général peu difficile, ces chiffres peuvent être admis comme sensiblement exacts.

Je ferai remarquer que cette épidémie, comme celle de petite vérole et de choléra, est purement locale, qu'elle a sévi avec une grande intensité dans certains arrondissements, sur des points parfois très-restreints de ces arrondissements, tandis que dans d'autres parties de la capitale elle a été nulle ou insignifiante. Il existe un îlot du onzième arrondissement, placé à l'intersection des rues du faubourg Saint-Antoine, de Charonne et de la Roquette, où s'abattent chaque année des maladies épidémiques (1). Les quartiers du vingtième arrondissement, qui confinent au onzième, sont dans d'aussi mauvaises conditions hygiéniques. Sur 824 décès causés par la rougeole en 1866, le onzième et le vingtième, qui sont contigus et formés par le faubourg Saint-Antoine et Charonne, ont fourni à eux seuls 245 décès, presque le tiers de la mortalité. Je ne comprends pas dans ce nombre l'appoint considérable de décès qui serait fourni par les hôpitaux Saint-Antoine, Sainte-Eugénie, maison Eugène-Napoléon, où sont admis les malades de ces quartiers ; les 245 décès de rougeole ont été constatés à domicile. En regard de cette mortalité effrayante du onzième et du vingtième arrondissement, plaçons celle du neuvième et du seizième, qui n'ont perdu que 10 habitants par la rougeole.

Les déterminations bronchiques ont été un des caractères les plus remarquables de cette épidémie, du moins aux mois de mars et d'avril ; et dans un grand nombre de cas où la maladie a eu une terminaison fatale, c'est par suite de cette complication que la mort est survenue. Toutefois on a observé un certain nombre de rougeoles anomales, à éruptions tardives ou incomplètes, ou dénaturées par des suffusions sanguines ecchymotiques, et dans lesquelles la mort est survenue dans cette

---

(1) L'attention de l'Administration et de l'Académie de médecine a été appelée en 1863 sur cet état de choses, auquel il n'a pas encore été apporté, que nous sachions, de remède efficace,

période et avant toute complication du côté de l'appareil respiratoire. Telles sont les circonstances les plus remarquables observées dans le cours de cette épidémie, qui a commencé à sévir au mois de mars et qui s'est éteinte lentement dans l'été, conformément à l'observation très-exacte de Sydenham : *Morbilli circa œquinoctium vernalem ingravescentes, adpetente solsticio œstivo fere disparent.* »

Avant de continuer cette étude des maladies régnantes, je dirai quelques mots d'un fait de contagion rubéolique qui s'est produit dans des conditions assez singulières. Pendant le mois d'avril 1866, je fus appelé à visiter un enfant de douze ans dans une maison où il ne régnait aucune maladie épidémique. L'enfant accusait du malaise, un peu d'oppression, une céphalalgie assez intense ; mais il n'y avait d'ailleurs aucun signe extérieur de fièvre éruptive. Je prescrivis le repos du lit et quelques boissons adoucissantes. Le lendemain il y avait un léger mal de gorge et une injection assez vive des muqueuses oculaire et nasale, symptômes signalétiques de la rougeole. L'éruption parut le quatrième jour et la rougeole suivit son cours ordinaire. Dans cette même maison, mais à un étage différent, habitait une petite fille de quatre ans qui avait joué avec notre malade jusqu'à la veille du jour où celui-ci prit le lit, mais qui, à partir de ce moment n'avait plus communiqué avec lui. Vers le dixième jour de la maladie du garçon, la petite fille qui, je le répète, en était restée absolument séparée, fut prise de rougeole ; la maladie se développa sans accidents. On admet généralement que c'est à partir de la période d'éruption que la rougeole, comme les autres fièvres éruptives, devient contagieuse. A moins que d'invoquer le hasard, ce qui dispense de toute discussion, cette observation démontre que la rougeole est susceptible de se transmettre dans la période même d'incubation.

M. Roger a raconté devant la Société médicale des hôpitaux (1) un fait très-analogue. « Je fus appelé un matin, dit ce

____

(1) Voir *Bulletin de la Société médicale des hôpitaux*, tome II, 2ᵉ série 1865, pag. 161.

médecin, chez une petite de mes clientes, rue d'Anjou-Saint-Honoré; elle présentait les prodromes de la rougeole. Dans la journée elle reçut la visite de trois jeunes cousins et cousines, tous trois d'une branche distincte de la famille, tous trois sans rougeole antécédente. Ces enfants jouèrent avec elle quelques heures seulement. La rougeole de la petite fille ne parut que le lendemain parfaitement évidente, et je surveillai ce qui devait se passer chez les autres enfants, lesquels ne revinrent plus dans la maison. J'appris de la manière la plus certaine que chez tous les trois la rougeole s'était déclarée à cinq ou dix jours d'intervalle de leur visite à leur cousine, et de plus qu'ils répandirent la maladie autour d'eux, si bien qu'il y eut dans la famille quinze rougeoles issues de la première. »

Si la rougeole a fait à Paris un grand nombre de victimes, elle n'a pas été moins meurtrière à Londres. On sait que cette maladie règne endémiquement dans la capitale de l'Angleterre; en 1866 elle y a sévi épidémiquement pendant l'hiver et le printemps, et le nombre des décès causés par la rougeole s'est élevé dans ces deux saisons à 1,383. A Londres comme à Paris, il est certains quartiers qui semblent avoir le triste privilége de servir de foyer aux épidémies et sont de vrais nids de fièvres; les quartiers populeux et mal aérés d'*East London*, qu'on peut très-justement comparer aux ruelles étroites de notre faubourg Saint-Antoine, ont été les plus éprouvés. A Bruxelles et à Vienne on n'a observé que quelques cas sporadiques de rougeole; le nombre des décès qu'elle a occasionnés dans ces deux villes est d'ailleurs insignifiant.

Les maladies des voies respiratoires ont été plus fréquentes et plus souvent mortelles en mars et en avril qu'à toute autre époque de l'année. M. le professeur Grisolle a fait observer, au sujet de la pneumonie (1), que les variations brusques de la température ont au point de vue étiologique une influence plus marquée qu'une température froide, mais soutenue. Or, on sait

____

(1) *Traité de la pneumonie*, deuxième édition, page 141.

que les mois de mars et d'avril dans nos climats ne sont pas généralement les plus froids; mais ils se distinguent par ce caractère que les changements de température y sont en général plus fréquents et les oscillations ou écarts du thermomètre beaucoup plus étendus que dans tout autre mois.

Ce fait avait déjà frappé l'esprit observateur de Stoll, qui, en décrivant la constitution médicale des mois de mars et d'avril 1775 à Vienne, constitution remarquable par le grand nombre d'affections des voies respiratoires, disait (1) : « *Martius totus mutabilis, jam veri similis, jam borealis..... Aprilis, mutabili suo genio, hoc anno præter morem indulsit.* En parcourant les tables météorologiques et mortuaires de la ville de Vienne pour 1866 publiées par le docteur Glatter, on est étonné de trouver à un siècle de distance la vérification littérale de cette observation du grand clinicien de Vienne. On voit en effet que la mortalité maximum pour les maladies aiguës du poumon a coïncidé avec les variations brusques et les écarts considérables de température observés en mars et en avril 1866; c'est aussi ce que l'on constate à Paris et à Londres. La remarque de M. Grisolle s'applique non-seulement à la fluxion de poitrine, mais encore à la phthisie. Les mois de mars et d'avril sont ceux où l'on constate le plus de décès par phthisie. Il est peu de médecins qui n'aient été à même d'observer les effets funestes d'un brusque changement de température sur les phthisiques.

C'est pour cela que dans le choix des stations hibernales, on se décide aujourd'hui avec raison pour celles où, toutes choses égales d'ailleurs, la température présente les écarts les moins considérables. On ne saurait donc trop condamner la pratique des médecins qui recommandent à leurs malades phthisiques le voyage et le séjour en Égypte, pays où la température présente des écarts diurnes énormes. Le savant secrétaire de la Société météorologique, M. Renou, qui a visité l'Égypte, m'a dit y avoir observé un écart de température de 42° centigrades

____

(1) Max Stoll, *Ratio medendi*, pag. 2. constit. anni 1775.

dans un jour. D'autre part, voici ce qu'écrivait à son médecin le trop fameux duc de Gramont-Caderousse, envoyé par ordonnance sur les bords du Nil : « Ce fameux climat si vanté est le plus dangereux de tous les climats; car dans la même journée, et je parle entre dix heures du matin et six heures du soir, il y a plus de cinquante variations thermométriques; de plus, sous ce ciel d'airain les matinées, les soirées et les nuits sont glaciales, même après des journées torrides... Vous jugerez d'après cela si ce pays tant vanté n'est pas un de ces immenses canards, comme on nous en fait souvent avaler à nous Parisiens (1). » Le malade avait raison : envoyer un phthisique sous un pareil climat, même en lui prescrivant, comme on l'avait fait pour Rachel, de stationner sur le Nil dans un yacht à l'ancre, est un acte de haute fantaisie médicale que rien ne justifie.

---

(1) Voir Procès des héritiers du duc de Gramont-Caderousse.

III

CONSTITUTION MÉDICALE DE L'ÉTÉ

	Thermomètre	Baromètre	Hygromètre	Maladies régnantes
Paris..........	16°,6	752mm,8	52	choléra.
Londres.........	14°,9	753mm,3	80	choléra.
Vienne........	18°,1	329 lig,4	71	choléra.
Bruxelles......	17°,1	753 , 3	68	choléra.

La maladie dominante de l'été a été le choléra, qui a sévi dans presque toute l'Europe; mais disons tout de suite que l'épidémie a eu plus d'étendue que de gravité, et qu'elle a été incomparablement moins meurtrière que les grandes épidémies de 1832, 1849 et 1854. Il ne faudrait pas en conclure que le mal ait perdu de sa malignité, ou, en d'autres termes, qu'il soit moins fréquemment suivi de mort aujourd'hui qu'il ne l'était il y a vingt ou trente ans. Il est facile d'établir que la léthalité du choléra reste la même, c'est-à-dire que, pour un nombre donné d'attaques, on trouve autant de décès en 1866 que dans les épidémies antérieures. En effet, M. Briquet, rapporteur de la commission du choléra à l'Académie de médecine, déclare dans les conclusions de son rapport sur l'épidémie de 1849 (séance du 3 avril 1867) que « *la mortalité moyenne déterminée par le choléra asiatique est généralement d'un décès sur deux malades.* » Eh bien, cette proportion est à peu près aussi celle que donnent dans leur ensemble les statistiques des pays et des villes où l'on enregistre les attaques de choléra, qu'elles soient ou non suivies de mort. Voici les chiffres de la mortalité :

	attaques	décès	décès sur 100 attaques
Italie (1865-66)..	23.577	12.901	54,7
Belgique 1866.	62.899	32.812	52
Hollande — .	30.196	18.547	61
Stockholm — .	2.097	654	31
Christiania — .	38	27	71
Total....	118.807	64.941	55 p. 100

Choléra à Berlin depuis 1831.

	attaques	décès	décès sur 100 attaques
1831-32..........	2.887	1.835	63,5
1837.............	3,557	2,338	65,6
1848-49.........	7.768	5.147	66,2
1855.............	2.172	1.387	63,7
1866.............	8.186	5.457	66,6

On voit qu'en 1866, comme en 1849, comme en 1832, la pro-portion des décès est de 15 sur 2.

Un résultat qui ne surprendra aucun de ceux qui sont convaincus de l'impuissance radicale de la thérapeutique actuelle dans le traitement du choléra, c'est que le fléau prélève ce contingent mortuaire partout où il sévit, aussi bien dans les pays où l'art de guérir a réalisé les plus grands progrès que dans ceux où la médecine est relativement arriérée et où les malades sont abandonnés aux seules ressources de la nature. Ainsi dans la Capitanate, où les populations séquestraient et fuyaient les cholériques, le nombre des décès constatés a été de 2,336 sur 4,154, soit 55 pour 100. A Paris, dans le 17e arrondissement, une statistique publiée par la *Gazette des Hôpitaux* porte que, sur 88 cas traités, il y a eu 56 décès, soit 63 pour 100.

L'épidémie de 1866 a été en somme moins meurtrière que les précédentes ; la diminution est surtout sensible à Londres et à Paris ; ainsi à Paris la mortalité par décès cholériques, qui était de 22,7 pour 1,000 habitants en 1832, de 18,6 pour 1,000 en 1849, de 6,2 en 1854, de 3,6 en 1865, n'est plus que de 3 pour 1,000 habitants en 1866. A Londres, ce qu'on n'avait plus vu, la mortalité s'est abaissée à 1,7 pour 1,000 habitants.

Dans un document administratif récent on a attribué cette marche décroissante des épidémies de choléra, en ce qui concerne Paris, aux travaux d'assainissement qui ont été exécutés dans cette capitale. Sans vouloir mettre en doute l'utilité que présentent au point de vue de l'hygiène générale de pareils travaux, l'effet spécial qu'on leur attribue nous semble au moins contestable ; car à Londres, où de pareils travaux n'ont pas été exécutés, le nombre des décès cholériques n'en a pas moins diminué à chaque épidémie, et cela dans une proportion encore plus grande qu'à Paris. On a dit aussi que cette décroissance s'expliquait par cette loi pathologique, à savoir, que les épidémies s'affaiblissent en se répétant. Les chiffres suivants montrent l'inanité de cette loi :

AMIENS (1)			BERLIN (2)	
	décès cholériques	décès par 1000 hab.	décès cholériques	décès sur 1000 hab.
1832	733	14,7	1 426	5,7
1837	0	0	2.338	8,2
1849	745	14,6	3.553	8,4
1854	165	3	»	»
1866	1.691	28	5.457	8,3

On voit, contrairement à la loi précitée, qu'à Amiens l'épidémie de 1866 a été plus meurtrière que toutes celles qui l'ont précédée, et qu'à Berlin la proportion des décès est restée la même. Confessons humblement qu'il y a là une inconnue qui nous échappe. Ce n'est pas le seul aveu d'ignorance que nous aurons à faire dans cette étude du choléra.

---

(1) *Documents sur le choléra de* 1854 en France publiés par le Ministre de l'agriculture, page 232. — Communication écrite de l'administration municipale d'Amiens sur le choléra de 1866.

(2) *Die cholera-epidemie des iahres* 1866 *in Berlin, von prof.* Dr *Aug. Hirsch.* — Voir aussi *die cholera-epidemie zu Berlin im iahre* 1866, *von* Dr *Müller.* — Berlin, 1867.

L'épidémie de 1866 n'est à proprement parler que la continuation de celle qui avait éclaté en 1865. Entre les deux on constate une suite non interrompue de cas de choléra qui établissent la filiation. Ainsi, à Paris, de décembre 1865, date de l'extinction de l'épidémie, à juillet 1866, date de sa nouvelle apparition, on trouve 71 décès cholériques répartis dans les six premiers mois de 1866. C'est le 17 juillet et les jours suivants que le choléra éclata tout à coup épidémiquement à Paris, à la suite de l'orage du 15 au 16. N'y a-t-il eu là qu'une simple. coïncidence, ou faut-il voir entre ces deux phénomènes un rapport de cause à effet? Il est plus facile de poser ces questions que de les résoudre. Toutefois je ferai remarquer que c'est aussi à partir du même jour que les cas de choléra sporadique qu'on observait à Londres et à Bruxelles se multiplient rapidement. Le développement simultané de l'épidémie dans ces trois villes, séparées par des distances relativement considérables, semble accuser une influence commune et se lier aux perturbations atmosphériques signalées à ce moment par le *Bulletin météorologique international*. A l'appui de cette hypothèse nous citerons les faits suivants.

A Marseille il y eut, le 14 août 1865, un violent orage, après lequel la mortalité cholérique prit une brusque augmentation (1). A la Basse-Terre (Guadeloupe) le nombre des décès cholériques, qui variait de 3 à 6 par jour, du 12 au 16 novembre 1865, s'éleva, après le terrible ouragan du 18, à 32, puis à 61, puis à 107 par jour dans une population de 10,000 habitants, dont les deux tiers avaient pris la fuite (2). A Brest on observe un fait analogue (3). « Cette ville, dit le docteur Caradec, est assaillie le 10 janvier 1866 par un ouragan, annoncé par une dépression du baromètre, qui descend à

---

(1) Voir *Études sur le choléra de Marseille* en 1865, par MM. Seux, Ménecier.

(2) Voir le diagramme tracé par le docteur Valker, médecin principal de la marine. — Voir aussi *Épidémie de la Guadeloupe*, par M. Cuzent, Paris 1867.

(3) Voir l'*Épidémie de choléra à Brest* en 1866, par le docteur Caradec.

712 millimètres, baisse qu'on n'avait plus observée même en France ; aussitôt on voit éclater l'épidémie ; le nombre des cas de choléra était de 3 depuis le commencement ; le 16, il y en avait 70. » A Amiens, après l'orage qui éclata le 28 et le 29 mai sur la Manche et dans le nord de la France, la mortalité cholérique s'éleva aussi très-rapidement. On a dit que les orages font parfois obstacle au développement du choléra (1). Je ne connais pas un seul exemple d'orage ayant arrêté le développement de l'épidémie, et il serait à désirer que l'on précisât les faits favorables à cette opinion, comme nous venons de le faire pour l'opinion contraire. Mais laissons là les causes, si souvent douteuses et passons aux effets, toujours certains, ou du moins mieux appréciables.

Le choléra a présenté en 1866 les mêmes caractères que dans les épidémies précédentes : diarrhée au début, vomissements, selles riziformes, suppression des urines, extinction de la voix, crampes et refroidissement des extrémités ; j'y joindrai un symptôme qui attire peu l'attention des médecins en France, c'est l'abaissement de température de la langue ; ce symptôme est tellement caractéristique qu'à lui tout seul il permet de diagnostiquer le choléra dans l'obscurité ; j'ajouterai qu'on ne le perçoit qu'à une période avancée de la maladie.

J'ai dit plus haut que lorsqu'une maladie épidémique prédomine, les autres maladies prennent quelque chose de sa physionomie : la marche de ces affections s'embarrasse, leurs symptômes s'altèrent et perdent de leur franchise, elles se compliquent d'un élément étranger par où se révèle l'influence de la maladie dominante. Les observations abondent, qui démontrent cette influence du choléra sur les maladies secondaires en 1866 ; je citerai la suivante, qui est très-remarquable ; elle a été rapportée par M. Chauffard. Ce médecin avait dans son service de la Charité une jeune fille atteinte de fièvre typhoïde ; vers le

____

(1) Voir *Bulletin de la Société médicale des hôpitaux*, année 1866, page 183.

troisième ou le quatrième jour de sa maladie, et sans avoir été purgée, elle eut jusqu'à trente évacuations alvines spontanées, séreuses, sans tension ni douleur notable de l'abdomen ; la face était grippée et le pouls petit. « Il y avait là, ajoute M. Chauffard, une marque certaine de l'influence épidémique, et nous nous appliquâmes activement à arrêter cette diarrhée, qui pouvait promptement devenir funeste. »

Les maladies sur lesquelles cette influence de l'épidémie régnante s'est fait sentir le plus manifestement sont la *fièvre typhoïde*, la *variole*, la *phthisie*, le *rhumatisme articulaire* et l'*état puerpéral*.

Mais les complications passagères n'ont pas été toujours la seule expression symptomatique de la constitution régnante ; il est arrivé en effet assez fréquemment que ces complications secondaires sont devenues tout à coup prépondérantes, qu'elles ont pris le pas sur les symptômes propres de la maladie, qui a été ainsi rejetée au second plan. Cette modification a été observée non-seulement dans le cours des maladies, mais encore et aussi souvent peut-être pendant la convalescence. Il semblerait que l'état de débilitation où se trouve le sujet, après une maladie de longue durée, soit un appel encore plus énergique au choléra que les troubles fonctionnels qui se produisent pendant la marche de l'affection même. Ajoutons enfin que ces atteintes secondaires de choléra ont été fréquemment suivies de mort. Voici un tableau qui donnera une idée de l'influence pernicieuse du choléra survenant comme maladie intercurrente.

	Atteintes secondaires de choléra	décès
Phthisie..................	19	15
Fièvre typhoïde..........	20	18
Rhumatisme articulaire...	6	5
Variole..................	17	12

Il y a longtemps qu'on a observé les troubles que produisent les grandes épidémies sur la terminaison de la grossesse (1),

(1) Anno Domini 1580 et 1581, pestis gravissima sœviit.... omitto aliis locis explicandum, omnes pene mulieres abortivisse, quibus a pestilenti morbo moriendum fuit. (Baillou, *Epidemiorum*, lib. II, page 195, édition de Tronchin.)

non pas que les femmes aient alors une disposition plus grande
à contracter la maladie, mais parce que la gravidité constitue
une circonstance fâcheuse quand elles sont atteintes ; c'est ce
que les chiffres suivants établissent pour le choléra :

Sur une série de 23 femmes enceintes qui furent prises de
choléra, 11 avortèrent, et sur ces 11 femmes avortées il y eut
9 décès. Les 12 autres femmes qui n'avaient pas avorté four-
nirent 10 décès, presque la même proportion que celles qui
avaient avorté. Sur 25 femmes accouchées qui furent atteintes
de choléra, il y eut 15 décès.

Ces chiffres montrent que :

1º Environ la moitié des femmes enceintes prises de choléra
ont avorté, en sorte que le choléra produirait moins souvent
qu'on ne l'a dit l'avortement chez les femmes enceintes ;

2º Les femmes qui ont avorté sous l'influence du choléra ont
fourni environ 82 p. 100 de décès ;

3º Les femmes qui étaient atteintes de choléra, mais qui n'ont
pas avorté, ont fourni 83 p. 100 de décès, ce qui prouve qu'il
est à peu près indifférent que la femme avorte ou n'avorte pas,
et que le pronostic est aussi grave dans un cas que dans l'autre ;

4º Que les femmes déjà accouchées et qui ont été prises de
choléra dans l'état puerpéral ont fourni une mortalité de
60 p. 100, ce qui est à peu près la proportion des décès occasionnés par le choléra dans les conditions ordinaires de santé,
en sorte que l'état puerpéral n'est pas une circonstance notablement aggravante. J'ai d'ailleurs observé que dans cet état le
choléra est d'autant moins grave, que l'on s'éloigne davantage
du moment de l'accouchement.

Les chiffres que je viens de donner sont empruntés à la pratique des hôpitaux de Paris, peut-être les résultats seraient-ils
un peu différents dans la pratique civile.

La répartition des décès cholériques suivant les âges mérite
d'être notée. On croit généralement que l'âge adulte, à Paris, est
le plus éprouvé par le choléra ; cela est vrai si l'on ne tient
compte que du nombre absolu des décès cholériques survenus

à cet âge; mais il y a un élément que l'on néglige et dont la considération est indispensable pour apprécier la léthalité de chaque âge; nous voulons parler de la composition de la popu-, lation suivant les âges. Il est bon de rappeler qu'à Paris la période de 25 à 40 ans est celle qui contient le plus grand nombre d'individus : ainsi, en 1861, le nombre des personnes de cette catégorie était de 585,000, presque le tiers de la population totale. En revanche, la proportion des nourrissons est extrêmement faible ; dans cette ville où il naît, année moyenne, 53,000 enfants, il n'y a pas plus de 18,000 enfants au-dessous d'un an (1). Si l'on tient compte de la composition de la population aux différentes périodes de la vie, on trouve que la mortalité cholérique à Paris, en 1866, se répartit comme il suit :

AGES	NOMBRE des vivants A CHAQUE PÉRIODE.	DÉCÈS CHOLÉRIQUES	DÉCÈS CHOLÉRIQUES sur 100 individus DE POPULATION SPÉCIALE
de 0 — 5 ans	120.000	1.104	9,2
5 — 15	240.000	207	0,8
15 — 25	345.000	696	2,0
25 — 40	585.000	1.337	2,3
40 — 60	427.000	1.159	2,7
60 et au-des.	145.000	792	5,5

Le docteur Hirsh a fait pour le choléra, à Berlin, un relevé des décès par âges qui donne des résultats concordants avec les précédents.

---

(1) Dans la Notice qu'il a lue à l'Académie de médecine, sur la mortalité des nourrissons, M. le Directeur de l'assistance publique estime que le nombre des enfants placés en nourrice chaque année et sortant de Paris est de 18,000 ; en sorte que le nombre des naissances étant en moyenne de 54,000, on compterait, suivant ce statisticien, 36,000 enfants âgés de moins de un an à Paris. Il n'entre pas dans notre plan de relever les nombreuses erreurs de chiffres et d'appréciation répandues dans ce document, toutefois nous ne pouvons nous empêcher de

On trouve qu'à Paris, comme à Berlin, c'est aux deux extrêmes de la vie que la mortalité relative est la plus grande, comme si la vieillesse et la première enfance offraient une résistance moins grande que les autres âges à l'influence du choléra. La mortalité *minimum* tombe à Paris entre 15 et 25 ans ; à Berlin entre 20 et 30 ; elle augmente progressivement à partir de cette période, soit qu'on remonte vers l'enfance, soit qu'on s'élève vers la vieillesse. Remarquons encore que dans les premières années, c'est le sexe masculin qui fournit la plus forte proportion de décès ; dans les dernières années, c'est au contraire le sexe féminin. Le même fait a été observé à Bruxelles : sur 209 décès cholériques de la naissance à un an, 115 appartiennent au sexe masculin et 94 au sexe féminin ; sur 510 décès cholériques au-dessus de 60 ans, les hommes fournissent 182, les femmes 328. Même résultat en Italie et à Paris durant toutes les épidémies antérieures ; c'est donc là un fait constant, mais qu'il est plus facile de constater que d'expliquer.

Examinons maintenant les décès cholériques dans leur rapport avec les jours de la semaine. C'est un fait digne de remarque, dit le professeur Hirsh (1), qu'en temps d'épidémie de choléra le maximum des décès journaliers correspond aux premiers jours de la semaine, résultat attribué aux écarts de régime qui se produisent ordinairement dans certaines classes de la société dans la journée du dimanche. En cherchant sur quels jours porte plus spécialement le maximum des décès cholériques à Berlin, on trouve que ce maximum coïncide :

1 fois avec le dimanche,
2 fois avec le lundi,

---

montrer combien le nombre ci-dessus s'éloigne de la vérité. En 1861, le nombre des enfants de 0 à 12 mois recensés dans tout le département de la Seine était de 21,572 ; la population de Paris étant de 0,86 de celle du département de la Seine, si l'on admet que le même rapport existe entre les populations de divers âges de Paris et du département, on trouve qu'à Paris il n'y a pas plus de 18,652 enfants âgés de moins de un an.

(1) *Die cholera epidemie* dans le *Berliner kalender für* 1867, page 306.

5 fois avec le mardi,
7 fois avec le mercredi,
2 fois avec le jeudi,
0 fois avec le vendredi,
3 fois avec le samedi.

Si l'on réunit ensemble les 3 jours qui précèdent immédiatement le dimanche (jeudi, vendredi, samedi) et ensemble aussi les 3 jours qui le suivent (lundi, mardi, mercredi), on trouve que :

Les 3 jours *antédominicaux* ont offert un maximum de décès
cholériques. . . . . 5 fois.

Les 3 jours *postdominicaux*. . . . . 14 fois.

Nous n'avons pu nous procurer les relevés journaliers des décès cholériques à Paris pendant l'épidémie de 1866; les relevés des décès quotidiens que publie le *Bulletin de statistique* embrassent la mortalité générale par le choléra et les autres maladies. Toutefois, les variations de ces chiffres traduisent d'une manière assez fidèle le mouvement de l'épidémie. En divisant les jours de la semaine en deux groupes, jours antédominicaux et jours postdominicaux, on trouve :

1º Les trois jours *antédominicaux* (jeudi, vendredi, semedi)
ont offert un maximum de mortalité générale. 7 fois.

Les trois jours *postdominicaux* (lundi, mardi,
mercredi) . . . . 9 fois.

2º Les trois jours *antédominicaux* donnent un minimum de décès . . . . 8 fois.

Les trois jours *postdominicaux* donnent un minimum. . . . . 3 fois.

Résultat qui concorde avec celui de Berlin.

Nous venons de voir que les excès, les écarts de régime qui se commettent le plus ordinairement le dimanche, ont pour effet d'accroître sensiblement la mortalité dans les trois premiers jours qui suivent le dimanche. Nous voulons rechercher maintenant si les agglomérations de population qui ont lieu aux époques de grandes fêtes nationales exercent quelque influence sur la marche de l'épidémie. La fête du 15 août attire, comme on sait, à Paris un grand concours de visiteurs ; en consultant les relevés des décès, on trouve que la mortalité, qui était en décroissance marquée depuis le 8 août, s'est notablement élevée au-dessus de la moyenne le 18 et le 20 de ce mois. A Berlin, le 20 et le 21 septembre 1866 furent marqués par l'entrée triomphale des troupes prussiennes qui avaient fait la campagne de Bohême ; cette cérémonie avait attiré à Berlin une foule immense, qu'un calcul modéré porte à 300,000 personnes. La mortalité cholérique, qui était en décroissance, est restée stationnaire pendant les cinq jours qui ont suivi la fête, puis elle s'est relevée pendant quelques jours, pour reprendre ensuite sa marche descendante ; ici l'influence de l'agglomération est contestable. Enfin à Bruxelles les fêtes commémoratives de l'indépendance de la Belgique ont été célébrées cette année le 11 et le 12 octobre ; malgré le concours nombreux d'étrangers que ces fêtes avaient attiré dans la capitale de la Belgique où régnait encore le choléra, parvenu alors à sa phase de déclin, la mortalité n'a pas été influencée d'une manière appréciable. D'où il faut conclure que les agglomérations momentanées de population dans les lieux où sévit le choléra n'ont pas nécessairement pour effet d'aggraver la mortalité.

TRAITEMENT DU CHOLÉRA.

Après cet exposé du développement de l'épidémie de choléra en Europe, il me reste, aux termes du concours, à dire quelques mots du traitement. Je n'ai pas l'intention de passer en revue les nombreux remèdes qui ont été employés ou préconisés ; un volume entier n'y suffirait pas. Je ne parlerai ici que de ceux qui sont justifiés par quelque succès, ou qui reposent sur une base rationnelle.

1º *Médication opiacée.* — Les préparations opiacées ont été le plus généralement employées pour combattre la diarrhée. Mais l'emploi de cet agent précieux n'est pas toujours sans danger ;

on a cité des cas de narcotisme et de congestion cérébrale qui reconnaissaient pour cause l'administration intempestive ou exagérée de l'opium. M. Marotte (1) a fait l'observation que la congestion cérébrale dans le choléra avait coïncidé ordinairement avec la suppression de la diarrhée, et que les symptômes de congestion avaient disparu ou s'étaient amendés quand la diarrhée avait reparu spontanément, ou après l'administration d'un purgatif qui avait ramené les garde-robes.

L'opium a fourni la démonstration clinique de ce fait déjà établi par d'autres observations, qu'à une certaine période du choléra l'absorption est supprimée et les médicaments traversent le tube digestif sans exercer aucune action thérapeutique ou physiologique. Exemple : une femme arrivée à la période algide du choléra prend par erreur 8 *grammes* de laudanum au lieu de 8 *gouttes*; le lendemain son état n'était pas modifié; la diarrhée contre laquelle on avait administré le laudanum persistait, et la femme n'avait présenté aucun symptôme de narcotisme. Elle succomba trois jours après aux progrès de la maladie (2).

A Berlin, outre les préparations opiacées ordinaires, on a fait un fréquent usage de la morphine en injections sous-cutanées. Les docteurs Poppelauer, Goldbaum et Güterbock, qui étaient placés à la tête de services spéciaux de cholériques (*Lazareths*, nos 1, 2, 3), ont employé avec succès cet alcaloïde sous cette forme et en ont obtenu d'excellents résultats dans le traitement des crampes. La dose variait de 1/16 à 1/4 de grain.

2o *Médication substitutive.* — Les principaux médicaments employés comme agents de substitution dans le choléra sont : le *sel de Sedlitz*, le *calomel*, l'*ipéca*, et même l'*émétique*. L'ipéca en particulier a été employé non-seulement au début pour modifier le vomissement, mais encore à une période plus avancée

---

(1) Société médicale des hôpitaux, *Bulletins*, pag. 217, année 1866.

(2) Fait rapporté par le docteur Labarraque à la Société médicale du dixième arrondissement.

(Horteloup), quand les vomissements persistaient. On s'est demandé à ce propos si l'emploi des évacuants et spécialement des purgatifs n'était pas sans inconvénients, et si l'on ne s'exposait pas à déterminer des accidents plus graves que ceux que l'on se propose de combattre. M. Chauffard a rapporté deux observations qui sembleraient justifier ces craintes ; les voici sommairement : pendant le choléra de 1865 une femme traitée à la Charité pour une bronchite présentait quelques symptômes qui indiquaient l'emploi des purgatifs. Elle prit 50 grammes de sel de Sedlitz, qui amenèrent une violente superpurgation ; la malade eut dans la journée plus de trente selles, avec symptômes de refroidissement et de cyanose ; l'administration de l'opium et du sous-nitrate de bismuth put seule faire cesser cet appareil inquiétant.

Dans le même hôpital et à la même époque, on administra à un rhumatisant en convalescence, mais qui présentait quelques signes d'embarras gastrique, deux verres d'eau de Sedlitz ; il y eut des selles séreuses que rien ne put modifier, refroidissement, cyanose et mort.

Ce sont là des faits dignes d'être notés ; ils sembleraient démontrer le danger des purgatifs pour certains malades en temps d'épidémie, mais on ne saurait légitimement étendre cette conclusion aux personnes actuellement atteintes de choléra ; et rien ne prouve que chez elles l'emploi de cette médication ait entraîné des accidents ; les accidents dans ce cas surviennent non point à cause du médicament, mais malgré le médicament, et parce que la maladie a suivi son cours naturel.

3° *Médication restitutive.* — S'appuyant sur cette donnée physiologique que, dans le choléra, le sang perd une partie de son albumine et de ses sels, quelques savants ont imaginé de restituer à l'économie sous forme de médicaments les principes mêmes dont on constate la diminution dans le sang des cholériques : c'est ce qu'on peut appeler la *méthode de restitution.* C'est ainsi qu'on a été conduit à administrer les boissons albumineuses, le bicarbonate de soude (Baudrimont), le chlorure de potassium (Sainte-Claire-Deville) et le chlorure de sodium ou sel

marin. Ce dernier corps a été l'objet d'expérimentations clini-
ques assez nombreuses. Voici le résultat sommaire de ces essais
thérapeutiques : à l'hôpital Lariboisière (1), sur 5 cholériques
qui étaient dans un état désespéré, on fit des injections d'eau
salée dans les veines, à doses variant de 60 grammes à
1,100 grammes ; chez ces malades le pouls, qui était misérable,
se releva sensiblement, la température remonta après l'opération ;
mais l'amélioration ne se maintint pas et tous finirent par succomber.

M. Goldbaum, à Berlin, a eu l'idée d'injecter de l'eau salée
dans la vessie des cholériques arrivés au dernier degré de la
période d'asphyxie. « L'emploi d'un courant constant, dit
M. Müller dans son rapport, a établi ce résultat que, dans cette
période ultime du choléra, il est encore possible de réveiller
l'activité du cœur quand elle n'est pas éteinte définitivement. »

C'est aussi à cette méthode que se rattache la médication
saline instituée par M. Moissenet, qui, dès le début des accidents
et concurremment avec les autres remèdes, emploie les bains
de sel marin et les po'ions au chlorure de sodium, à la dose de
plusieurs grammes. « La médication saline, dit ce médecin,
combinée ou non avec le vomitif et les purgatifs ordinaires, m'a
semblé diminuer beaucoup les dangers de la réaction. »

Nous venons de voir que l'injection de l'eau salée avait été
employée dans le traitement du choléra, mais sans succès. Un
médecin distingué des hôpitaux, M. le docteur Lorain, a eu
l'idée d'injecter de l'eau pure, préalablement chauffée à la température du corps humain ; l'opération a eu un plein succès :
nous extrayons des *Comptes rendus de l'Académie des sciences*
un résumé de l'observation vraiment remarquable de ce médecin.

Un homme avait été porté à l'hôpital Saint-Antoine ; il était
dans un état désespéré, et de l'aveu des médecins présents, au

---

(1) Voir Rapport sur les maladies régnantes dans le *Bulletin* de la Société
des hôpitaux.

moment où M. Lorain tenta la transfusion de l'eau, le malade offrait tous les signes d'une mort prochaine. On mit à nu une des veines superficielles du bras et on injecta 400 grammes d'eau à 40°, en prenant les précautions nécessaires pour que l'air ne s'introduisît pas dans la veine. Le premier résultat constaté après l'opération fut un accroissement d'intensité dans les battements du cœur ; un thermomètre placé dans la bouche marquait 26°,8 avant l'opération, il monta au bout de dix minutes à 30°. Deux heures après le malade demandait à boire, puis s'endormait ; le lendemain le thermomètre buccal marquait 35°,9. Le malade alla de mieux en mieux et put quitter l'hôpital le 8 octobre 1866, c'est-à-dire dix jours après son entrée, parfaitement rétabli.

4° *Médication stimulante.* — Cette méthode [pourrait être à bon droit appelée *américaine*, par le rôle important et presque exclusif que jouent les stimulants dans la thérapeutique du choléra aux États-Unis. En France, on les emploie surtout dans la seconde période du choléra confirmé, sous forme de boissons (menthe, mélisse, arnica, café, thé, rhum, vin, acétate d'ammoniaque) ; on y joint parfois les frictions sèches, les sinapismes, les bains rendus excitants par l'addition de farine de moutarde ; les Américains vantent surtout les propriétés stimulantes du *spirit of camphor* ; il serait difficile de dire quelle est au juste la valeur de cette médication, les succès qu'on lui attribue pouvant être aussi bien le fait d'une réaction opérée par les seuls efforts de la nature.

A la médication stimulante se rattachent encore les pratiques de l'hydrothérapie, qui ont été employées dans quelques services hospitaliers. Sur 23 malades soumis aux affusions froides ou à l'enveloppement dans le drap mouillé, il y a eu 12 guérisons et 11 décès. L'hydrothérapie a été surtout employée dans la période algide pour favoriser la réaction ; il ne parait pas qu'elle ait donné de meilleurs résultats que les autres méthodes de traitement.

Comme agent de réaction, je mentionnerai encore le procédé suivant. Le malade est enveloppé dans une ample couverture de laine et s'assied sur une chaise au-dessous de laquelle on allume une lampe à alcool ; la couverture descend jusqu'à terre et isole la lampe à alcool ; au bout de quelques minutes la transpiration s'établit et la température du corps s'élève. J'ai employé ce moyen dans un cas de choléra désespéré ; la réaction se fit très-promptement et le malade guérit.

5º *Médication tétanique.* — La chimie avait donné l'idée de la médication *restitutive ;* la physiologie du système nerveux a fourni sur la cause des symptômes du choléra quelques indications dont la thérapeutique a essayé de tirer parti. M. Marey place, comme on sait, les troubles fonctionnels du choléra sous l'influence du système vaso-moteur : pour lui, la cyanose serait due à la contraction des petits vaisseaux et au retard que produirait cette contraction dans le cours du sang. L'algidité serait un trouble de la calorification se liant au trouble de l'appareil circulatoire ; la suppression des urines tiendrait à la diminution de pression du sang dans le système aortique et aussi à l'état de contraction des capillaires du rein.

Ces explications admises, il était naturel de croire qu'en s'appliquant à combattre le spasme du système vaso-moteur, on verrait s'amender les symptômes du choléra. On a été ainsi conduit à employer le curare, qui exerce, comme on sait, une action paralysante sur le système nerveux. On a injecté par la méthode hypodermique 15 centigrammes de curare en trente heures. Dans un cas de moyenne intensité, il ne s'est produit aucun phénomène physiologique attribuable à l'action du curare. Dans un autre cas, l'emploi de cet agent a été suivi d'engourdissement, courbature, lourdeur des paupières, ce qui semblerait contre-indiquer l'emploi du curare dans la période algide du choléra.

Quelques médecins de Berlin ont employé la strychnine en injection dans certains cas de choléra asphyxique. Mais il ne semble pas que ce médicament tétanique par excellence ait donné de meilleurs résultats à Berlin que le curare à Paris. M. Goldbaum injectait de 1/12 à 1/8 de grain de strychnine. Sur 65 cas graves, il y a eu 51 morts. Toutefois dans le *Laza-*

reth n° 4, dirigé par le professeur Grœfe, sur 12 cholériques traités par la strychnine, il n'y a eu que 4 décès.

6° *Médication cuprique.* — L'emploi du cuivre dans la thérapeutique du choléra est basé sur l'opinion qui s'est accréditée que les ouvriers qui travaillent ce métal sont moins exposés que les autres aux atteintes de l'épidémie. Il a été fait dans les hôpitaux de Paris deux essais méthodiques de la médication cuprique ; l'un en 1865, à l'hôpital Lariboisière, l'autre en 1866, à l'Hôtel-Dieu. Dans le premier cas, on administrait au malade 75 centigrammes de sulfate de cuivre en potion et 50 centigrammes en lavement dans une journée ; sur 9 malades soumis au traitement, 8 succombèrent très-promptement ; un seul malade guérit et ce malade s'était refusé à continuer l'usage de la potion. A l'Hôtel-Dieu, on prescrivait le sel de cuivre à peu près aux mêmes doses : 30 centigrammes dans une potion gommeuse, et 1 gr. 20 répartis dans trois ou quatre lavements administrés dans les vingt-quatre heures. Sur 5 cas légers, il y eut 5 guérisons ; sur 23 cas de moyenne intensité, 14 guérisons et 9 morts ; sur 44 cas graves, 43 morts. Ces chiffres se passent de commentaires.

7 *Médication préventive.* — *Déodorization et désinfection.* — Nous n'avons décrit jusqu'ici que les moyens employés pour combattre les symptômes du choléra à son début ou confirmé. Il nous reste à dire quelques mots de la médication préventive, c'est-à-dire de l'ensemble des moyens mis en œuvre pour arrêter le développement de l'épidémie dans une population ; ils sont depuis longtemps employés en Angleterre d'une manière complète et rationnelle ; nous allons entrer à ce sujet dans quelques détails.

Ces mesures prophylactiques sont de deux sortes : c'est d'abord le système des visites domiciliaires (*house to house visitation*) faites par le personnel médical attaché à chaque district ; c'est ensuite l'emploi des agents chimiques jouissant de propriétés désinfectantes. A Paris, on a employé dans les deux dernières épidémies des quantités énormes de chlorure de chaux à désinfecter l'urine des personnes bien portantes. A quoi cela pouvait-il servir ? Malouin (1) nous apprend que dans la peste qui sévit à Londres en 1665, les médecins firent ouvrir les fosses des privés de toute la ville, et il ajoute que l'épidémie diminua et disparut très-vite, comme si les exhalaisons des fosses d'aisances eussent eu le pouvoir de neutraliser le miasme épidémique. Les Anglais font, il faut en convenir, un emploi plus judicieux des désinfectants. Les inspecteurs sanitaires s'en servent pour purifier l'atmosphère des appartements où séjournent des cholériques, pour désinfecter les linges et les objets de literie ayant servi à ces malades. Dans certains cas, on ne se contente pas de désinfecter, on brûle les objets qui ont été en contact avec les cholériques ; mais alors on remplace aux frais du district le mobilier qui a été sacrifié, ou on accorde une indemnité en argent (2). A New-York, où les désinfectants sont employés en temps de choléra sur une aussi grande échelle qu'à Londres, on ajoute à ces précautions celle de laver le corps du cholérique, après sa mort, dans une solution chimique, pour prévenir les émanations.

Les principes désinfectants employés en Angleterre sont l'acide carbolique, le sulfate de fer et le liquide de Condy ou permanganate de potasse, qu'on appelle vulgairement ozone liquide ; c'est ce dernier agent qu'on emploie de préférence, à cause de la promptitude avec laquelle il désorganise les matières organiques, propriété qu'il doit à son affinité pour l'oxygène. Pour donner une idée de son pouvoir désinfectant, je citerai le fait suivant. Chacun se rappelle combien était impure l'eau de Seine que l'on buvait à Paris au mois de septembre 1865, au moment du choléra. Ce fleuve, qui en temps normal débite 130 mètres cubes d'eau par seconde, n'en débitait plus que 26, et comme les exutoires de Paris versent en moyenne 1 mètre cube d'immondices par seconde, l'eau élevée par les pompes de

---

(1) *Histoire de l'Académie des sciences pour 1751*, page 141.

(2) Le seul district de Limehouse à Londres a payé en indemnités aux familles des cholériques une somme de 800 liv. (7,500 francs).

Saint-Ouen, à 1,500 mètres en aval du grand égout collecteur, contenait 1/26 d'impuretés! En mêlant à un litre de cette eau (prise aux réservoirs Cottin à Montmartre) quelques gouttes d'une solution titrée de permanganate de potasse à 1/1000, et agitant quelques secondes, l'eau de Seine devenait très-promptement limpide.

C'est grâce aux visites préventives et aux mesures de désinfection que le choléra a été ramené à Londres aux proportions d'une maladie ordinaire et réduit à des cas isolés. C'est en effet une chose digne de remarque que les bulletins du choléra de Londres n'indiquent qu'un nombre extrêmement restreint de cas multiples dans les familles atteintes. Cela tient sans doute aux promptes et énergiques mesures de désinfection qui étaient prises chaque fois qu'un décès cholérique survenait dans une maison. Dans les très-rares circonstances où l'épidémie a emporté plusieurs membres d'une même famille, ou plusieurs personnes habitant une même maison, on trouve que les mesures de désinfection avaient été négligées ou tardivement appliquées. J'en citerai un exemple :

Le lit de paille sur lequel une femme était morte du choléra est transféré, sans subir de désinfection, dans la maison n° 12, *James-place*, chez un logeur. Le soir de ce jour, 2 août, un ouvrier couche dans le lit, est pris de choléra dans la nuit et meurt en cinq jours.

Le logeur qui lui a servi de garde-malade est atteint à son tour et se fait porter à l'hôpital, où il se rétablit.

Une fille de l'ouvrier, qui était venue dans la maison soigner son père, est prise de maladie le 5 août et succombe le lendemain.

Une seconde fille de l'ouvrier, venue aussi dans la maison, est atteinte le 6 du choléra et succombe.

Une cousine de ces deux petites filles, qui avait suivi les deux sœurs dans la maison du logeur, est prise du choléra le 8 et meurt le 11 août.

Enfin la fille du logeur et une autre petite fille qui habitait la maison voisine sont prises du choléra et succombent l'une le 18 août, l'autre le 20.

Aucune mesure de désinfection n'avait été prise jusqu'au 16 août; ce n'est que ce jour-là que l'on songea à brûler le lit et à désinfecter la maison.

Une circonstance remarquable a sans aucun doute ajouté à l'efficacité des mesures d'hygiène préventive prises à Londres, c'est le grand nombre des maisons de cette capitale, qui ne compte pas moins de 440,000 habitations privées. On conçoit à *priori* que l'éparpillement de la population dans un grand nombre de maisons, ne renfermant chacune qu'un nombre restreint d'habitants, diminue les chances de diffusion d'une épidémie; car les individus atteints par le fléau se trouvent ainsi isolés de la façon la plus naturelle et la plus efficace. Par contre, les villes où la population vit entassée dans des maisons qui sont comme autant de cités présentent des conditions favorables au développement du choléra. A Berlin, où le dernier recensement de 1864 constate seulement 12,737 maisons, dont 7,587 contiennent de 6 à 20 ménages, la mortalité est excessive. La statistique du docteur Hirsh note 16 maisons dans lesquelles on a compté 210 décès cholériques en 1866 : dans une de ces maisons habitée par 144 locataires, il y eut du 1er au 16 juillet 43 cas et 19 décès; dans une autre habitée par 572 locataires, il y eut 44 décès du 2 juillet au 30 septembre : le choléra avait visité tous les étages et presque tous les appartements de cette populeuse maison. Pense-t-on que si ces 572 individus, au lieu d'être entassés dans une habitation unique, eussent été répartis dans un grand nombre de maisons, le choléra eût fait autant de victimes? Cela n'est pas vraisemblable. A Paris, où le nombre moyen d'habitants par maison est presque aussi considérable qu'à Berlin, nous connaissons d'aussi lamentables histoires survenues dans le dix-huitième arrondissement pendant le choléra de 1865; mais nous ne voulons pas anticiper sur le rapport de l'épidémie de 1865 (1), qui nous renseignera sur ces faits.

---

(1) Quand Vienne, Berlin ,Londres, Stockholm, la Hollande, l'Italie, etc., etc.,

Revenons au fait de *James-place*, il mérite de nous arrêter un instant; c'est une observation de plus à ajouter à celles que l'on connaît déjà sur la possibilité de la transmission du choléra par les pièces de literie ou les vêtements contaminés par les cholériques. Le docteur Lindsay, d'Edimbourg, en a réuni un certain nombre dans un Mémoire présenté à l'Académie des sciences de Paris. La doctrine de la contagion est couramment admise de l'autre côté du détroit, et chez ce peuple anglais si éminemment pratique, elle s'est traduite par un ensemble de mesures prophylactiques dont l'efficacité ne peut plus faire l'objet d'un doute médical. En France, il faut bien le dire, la médecine officielle professe sur ce point des idées tout opposées, et toutes les mesures prises en vue des épidémies ont été édictées sous l'empire de la doctrine de la non-contagion. Un fait qui mérite d'être rappelé ici, c'est que cette doctrine, professée par la majorité des médecins français, est relativement récente. La médecine française est restée pendant des siècles contagioniste; elle l'était déjà au seizième siècle, comme l'atteste l'arrêt suivant rendu par le Parlement, sur l'avis conforme de la Faculté de Paris, le 26 septembre 1580, pendant une épidémie dont Baillou nous a conservé la relation : « Attendu, porte l'arrêt, qu'il était à craindre que la maladie ne s'augmentât par le maniement et contrectation des lits et autres meubles et ustensiles qui se pourraient faire au changement et mutation des chambres et maisons au jour Saint-Remy prochain, le procureur général du roy requiert deffenses estre faites à tous propriétaires de maisons de cette ville et fauxbourgs, de contraindre leurs

---

ont déjà publié depuis longtemps les documents statistiques sur le choléra de 1866, il y a lieu de s'étonner que le rapport sur le choléra de 1866 et même de 1865 à Paris, n'ait point encore paru; c'est un retard extrêmement préjudiciable aux intérêts de la science, qui sont ici ceux de l'humanité. Nous sommes convaincu que le rapport serait depuis longtemps publié, si le soin de le rédiger, au lieu d'être confié à un administrateur étranger et indifférent aux besoins de la médecine, eût été remis à un homme de l'art, comme cela se pratique dans les autres pays.

locatifs de vuider les dites maisons avant le jour de la Noël prochain..... »

Les faits de communication du choléra sont difficiles à établir
dans une ville comme Paris ou Londres, eu égard aux obstacles
que présentent les enquêtes scientifiques. Mais il est des cas, et
cela se présente dans les petites localités, où l'on peut établir
avec certitude la filiation des attaques. Nous en avons un exemple dans l'historique du choléra de Palerme en 1866, par le
docteur Tommasi. L'importance des faits consignés dans ce document nous engage à en donner un résumé succinct.

On sait que la Sicile avait échappé à la terrible épidémie qui
avait ravagé l'Italie en 1865. M. Tommasi n'hésite pas à dé-
clarer que cette province dut sa préservation aux rigoureuses
mesures quarantenaires qui dès le début furent prises par les
autorités siciliennes, aidées en cela par la disposition géogra-
phique des lieux, mais surtout par une population défiante qui
faisait elle-même la garde de ses côtes, et menaçait de brûler
tout bâtiment de provenance suspecte qui approcherait de l'île.

Le 8 janvier 1866, quand l'épidémie de choléra parut éteinte
en Italie, les mesures prohibitives furent levées, et la Sicile
rentra en communication avec les ports voisins. Mais le choléra ayant éclaté à Naples au mois d'août 1866, les mesures
quarantenaires furent de nouveau mises en vigueur, et leur
efficacité assurée par la défiance du peuple qui soutenait et
contrôlait la surveillance administrative. Survient l'insurrection
de Palerme : le 18 septembre, le vapeur *le Tancrède,* débarque
dans cette ville deux régiments envoyés de Naples, pour aider
à rétablir l'ordre. Un capitaine et deux soldats sont pris du
choléra en arrivant et transportés au lazaret, qui est en dehors
de l'enceinte fortifiée. Les jours suivants, on constate d'autres
cas de choléra parmi les troupes nouvellement arrivées, et aussi
dans la population civile d'une rue touchant au lazareth, où
étaient soignés les soldats cholériques. Les trois premiers cas
observés dans la population civile furent d'abord, celui d'un
enfant appartenant à une famille qui pendant l'insurrection
s'était réfugiée dans une maison voisine du lazareth ; les deux

autres cas furent constatés chez un Palermitain dont le fils militaire avait séjourné au lazareth, d'où il s'était enfui pour se réfugier chez son père. Ce fut le point de départ de l'épidémie, qui de proche en proche gagna l'enceinte de la ville, où elle fit son apparition le 4 octobre.

Pour quiconque examine ces faits sans préventions doctrinales, la communication du choléra est évidente ; l'épidémie éclata en Sicile, parce que les lois quarantenaires furent violées par les soldats italiens : ces sauveurs apportèrent dans l'île l'ordre et le choléra.

Nous devons constater que depuis l'épidémie de 1865-66, il s'est produit en France et à l'étranger un changement notable dans les idées autrefois si absolues des commissions sanitaires. Les mesures nouvelles prises dans chaque pays ou concertées entre les divers gouvernements, témoignent d'un retour marqué aux anciennes doctrines de la contagion ; et ce qui n'est pas moins remarquable, fait observer M. Cordova dans son rapport sur le choléra en Italie (1), c'est que la plus importante de ces mesures, la surveillance désormais établie en Orient, a été prise sur l'initiative *de ce gouvernement français qui a commencé à confesser que la peste bovine est contagieuse, et qui finit par avouer qu'il en peut être ainsi du choléra.*

---

(1) *Statistica del regno d'Italia. — Sanita publica,* page VIII. — *Firenze,* 1867.

IV

CONSTITUTION MÉDICALE DE L'AUTOMNE

	Thermomètre	Baromètre	Hygromètre	Maladies régnantes.
Paris..........	8°,1	758mm, 6	73	»
Londres.........	8°	757 , 9	87	scarlatine.
Vienne........	4°,6	332 lig.	74	choléra.
Bruxelles......	7°.8	757	80	choléra.

La constitution médicale de l'automne de 1866 a présenté un contraste remarquable avec celle de l'automne précédent. Nous avons vu qu'en octobre et novembre 1865, le choléra régnait à Paris en même temps que la petite vérole, la fièvre typhoïde et la rougeole, et que ces trois dernières maladies zymotiques continuèrent à sévir pendant la période de déclin et après la disparition du choléra. Dans l'automne de 1866, au contraire, le choléra, la rougeole, la variole et la fièvre typhoïde ont suivi en même temps une marche décroissante, si bien qu'il serait difficile de dire quelle a été la maladie dominante de cette saison. Tout au plus trouve-t-on un léger accroissement dans le nombre des affections aiguës des voies respiratoires.

Bien que l'épidémie de choléra puisse être considérée comme éteinte vers la fin d'octobre 1866, les mois de novembre et de décembre fournissent encore quelques cas sporadiques. On a dit (1) que ces derniers cas observés avaient été moins graves

______

(1) *Bulletin de la Société médicale des hôpitaux,* année 1866 page 308.

qu'aux mois d'août et de juillet, qu'ils présentaient une léthalité moins grande. Nous répéterons ce que nous avons déjà dit à ce sujet à propos du déclin de l'épidémie de 1865. Pour être en droit d'affirmer que les derniers cas de choléra ont été moins fréquemment suivis de mort que ceux observés au début ou au milieu de l'épidémie, il faudrait connaître le nombre total des cas observés dans chaque mois et le nombre des décès; alors on pourrait prononcer en connaissance de cause sur la gravité relative du choléra à ses différentes périodes; mais, nous l'avons déjà dit, les éléments d'une pareille statistique nous font complétement défaut à Paris. Cela étant, il est naturel d'admettre que les choses se sont passées à Paris comme à Naples, à Stockholm, en Hollande et en Belgique, où l'on a constaté que les derniers cas de choléra ont été les plus graves.

En l'absence de maladies dominantes, je signalerai comme cas singulier l'observation suivante : Une femme de 32 ans, mère de plusieurs enfants, était depuis plusieurs années sujette à des accès d'épilepsie. Dans un de ces accès, qui se renouvelaient assez fréquemment (3 à 4 fois par mois), elle tomba dans le feu et se fit une brûlure profonde et étendue au dos et au bras gauche. L'accident eut lieu en décembre 1866. La brûlure n'était pas encore cicatrisée au mois de juin. Chose digne de remarque, depuis l'accident, les accès épileptiques ont complétement disparu, et comme depuis six mois tout traitement autre que celui de la brûlure a été suspendu, il est à croire que cette heureuse modification de l'état nerveux est l'effet de la brûlure. Si la guérison se confirmait (1), il faudrait regretter que le hasard ne se fasse pas plus souvent médecin.

Avant de finir, je signalerai une épidémie singulière qui sévit en ce moment à Westmanlands, en Suède : c'est une sorte de monomanie contagieuse, dans laquelle les individus atteints

---

(1) Depuis que ces lignes ont été écrites, les accès ont malheureusement reparu, mais ce qui est singulier, c'est qu'ils se sont reproduits après huit mois, au moment où la cicatrisation de la brûlure venait de s'achever.

sont pris d'une irrésistible envie de prêcher, d'où le nom suédois *predikosjuka* (mal des prédicants) sous lequel on la désigne. Nous reviendrons sur ce sujet dans l'histoire des maladies régnantes en 1867.

MORTALITÉ GÉNÉRALE

Il nous reste à compléter par quelques chiffres d'ensemble les indications précédentes ; le tableau suivant et les considérations qui y font suite résument les circonstances principales de la mortalité à Paris, à Londres, à Vienne, à Bruxelles, à Berlin, à Stockholm et à Turin :

POPULATION en 1866	PARIS 1 825 274	LONDRES 3 037 991	VIENNE 590 000	BRUXEL. 189 337	BERLIN 658 251	STOCKHL. 130 969	TURIN 204 715
Fièvre typhoïde.......	967	2.681	668	117	687	88	193
Variole...............	581	1.388	343	6	215	269	43
Rougeole............:...	824	2.259	120	9	162	1	19
Scarlatine.............	82	1.885	396	23	264	234	1
Croup et diphthérie...	828	1.117	340	129	414	65	88
Coqueluche...........	188	2.933	86	62	283	3	45
Érysipèle............	255	319	»	12	66	20	25
Fièvre puerpérale.....	235	153	142	»	135	111	21
Choléra..............	5.489	5.577	3.010	3.469	5.457	681	84
Phthisie.............	7.743	9.277	4.655	846	2.452	236	577
Pneumonie...........	3.087	4.168	1.666	205	873	416	»
Bronchite...........	4 141	7.512	»	286	400	217	350
Catarrhe intestinal....	3.316	3.461	2.117	304	2.572	»	»
Débilité malformation..	1.532	3.495	519	153	1.041	»	283
Morts accidentelles....	487	2.137	216	88	230	105	43
Suicides.............	847	258	90	37	153	34	21
Meurtres.............	13	138	»	3	2	2	14
Décès non classés......	17.108	31.380	7.614	2.691	11.696	1.792	4.351
TOTAL.........	47.723	80.129	21.982	8.440	27.102	4.304	6.158
Morts-nés..........	4.356	»	1.100	446	1.288	209	374
Morts à domicile......	35.799	67.075	15.077	5.550	»	»	3.814
Morts à l'hôpital......	11.577	12.959	6.905	2.710	»	»	2.344
Décès d'individus non domiciliés.........	1.229	»	906	»	»	»	703

Nous devons prévenir toutefois, qu'en ce qui concerne Turin et Stockholm, les documents relatifs à la mortalité en 1866 ne nous étant pas encore parvenus, nous avons dû inscrire les chiffres de la mortalité en 1865. Seul le nombre des décès cholériques pour Stockholm est celui de l'année 1866.

Si l'on envisage la mortalité relative dans chacune de ces villes, on trouve qu'elle est à Paris de 1 décès sur 38,2 habitants; à Londres de 1 sur 37,9; à Vienne de 1 sur 28; à Bruxelles de 1 sur 22,5; à Berlin de 1 sur 24,3; à Stockholm de 1 sur 30,4; à Turin de 1 sur 32,5. En sorte que Paris est de toutes ces villes celle qui a eu en 1866 la mortalité la plus faible.

Si l'on fait abstraction des décès cholériques, on trouve que la mortalité par toutes les autres causes de décès est à Paris de 1 sur 43,4; à Londres de 1 sur 41; à Bruxelles de 1 sur 35; à Vienne de 1 sur 32,7; à Berlin de 1 sur 30; en sorte que le premier rang appartient encore ici à la ville de Paris.

La mortalité relative par choléra a été à Londres de 1,8 sur 1,000 habitants; à Paris de 3 sur 1,000; à Stockholm et à Vienne de 5 sur 1,000; à Berlin de 8,3 sur 1,000; à Bruxelles de 18,3 sur 1,000. La proportion de décès est, comme on voit, extrêmement élevée dans cette dernière ville; elle forme les 41 centièmes de la mortalité totale en 1866; c'est à peu près le chiffre qu'atteignit le choléra à Paris en 1832. Mais il y a cette particularité à noter qu'à Paris le choléra a diminué d'intensité à chaque épidémie, tandis qu'à Bruxelles il a été beaucoup plus meurtrier en 1866 qu'à toute autre époque; il en est de même à Berlin; ainsi tombe devant les faits la prétendue loi que les épidémies s'affaiblissent en se répétant. Enfin ajoutons que le fléau n'a rien perdu de sa malignité primitive, et que, s'il fait de nos jours moins de victimes, ses atteintes n'en sont pas moins redoutables, et qu'aujourd'hui comme en 1832 et 1849 il tue la moitié de ceux qu'il frappe. Un autre fait qui ressort de cette étude, c'est que le choléra n'est pas moins redoutable à la fin de l'épidémie qu'à toute autre période de son cours.

De toutes les maladies inscrites dans le tableau précédent, la plus meurtrière est la phthisie : à Vienne sur 4 décès il y en a un causé par la phthisie ; à Paris 1 sur 6 ; à Londres 1 sur 8 ; à Berlin 1 sur 9 ; à Bruxelles 1 sur 10 ; à Stockholm 1 sur 16,8. On voit que la phthisie est incomparablement moins fréquente à Stockholm que dans les autres villes. C'est un fait d'observation que cette maladie devient d'autant plus rare qu'on s'élève davantage au Nord. Je tiens du docteur Leared, médecin de *great northern hospital* à Londres, lequel visite l'Islande chaque année, que dans cette terre boréale la phthisie est si parfaitement inconnue qu'il n'y a pas de nom dans la langue du pays pour la désigner.

Si l'on réunit les décès causés par les maladies des voies respiratoires inscrites dans le tableau précédent, on trouve qu'ils forment à Paris, à Vienne, à Londres et à Stockholm le quart de la mortalité totale.

Le nombre des suicides constatés à Paris en 1866 reste comme par le passé notablement plus considérable que dans toute autre ville. Nous devons faire remarquer que le bulletin de statistique municipale n'accuse que 555 suicides, tandis que les relevés de la Préfecture de police en constatent 847 ; la raison de cette différence est que le bulletin de l'Hôtel de Ville ne tient pas compte d'un certain nombre de suicides confondus avec les morts par accidents sous la rubrique *corps déposés à la Morgue*. Le nombre de 847 suicides se décompose en 717 hommes, 125 femmes et 5 enfants, parmi lesquels un garçon de 12 ans et un de 7 ans. Nous n'avons pas à revenir sur les causes de l'accroissement inquiétant du suicide à Paris ; c'est une question que nous avons traitée dans l'*Étude sur la mortalité en 1865*.

Le nombre des morts-nés à Paris est aussi extrêmement élevé et hors de toute proportion avec les chiffres recueillis dans les autres capitales. Ce résultat demande à être expliqué. En France, aux termes de la loi, est réputé mort-né l'enfant qui naît privé de vie ou qui meurt dans les trois jours qui suivent la naissance, tandis que dans certains pays on ne range parmi les mort-nés que les enfants morts au moment de la naissance.

Voilà donc une première raison pour laquelle on doit trouver plus de mort-nés dans notre pays qu'ailléurs; mais ce n'est pas la seule. A Paris, il est de règle d'inscrire parmi les morts-nés non-seulement les enfants à terme morts au moment de la naissance ou qui succombent dans les trois jours, mais même les fœtus non viables, et jusqu'aux avortons informes de deux ou trois mois, chez lesquels le développement des organes est si incomplet qu'il est souvent impossible d'en distinguer le sexe. C'est ainsi que le tableau des mort-nés en 1866 à Paris comprend 11 avortons de deux mois, 80 de trois mois, 182 de quatre mois, 360 de cinq mois, 493 de six mois. Or, il faut convenir qu'il n'en est pas ainsi partout, et que même sans sortir de la France il existe un grand nombre de localités où les avortons sont inhumés sans déclaration préalable à la mairie. Par toutes ces causes, le nombre des mort-nés doit être beaucoup plus considérable à Paris que dans les autres capitales.

Le nombre des mort-nés à Paris en 1866 est de 4,356, dont 2,399 enfants du sexe masculin, 1,933 du sexe féminin, 24 de sexe indéterminé. On remarquera la proportion considérable des mort-nés masculins. On a cherché à expliquer ce fait par la prépondérance des naissances masculines sur les naissances féminines; mais l'explication est insuffisante. En effet, à Paris, dans une période de 20 ans (1836-1856), on a constaté 327,727 naissances de garçons et 318,195 naissances de filles, ce qui équivaut à dire qu'il y a, à très-peu près, 35 naissances de garçons pour 34 naissances de filles (au dix-huitième siècle la proportion était de 22 garçons pour 21 filles). Dans cette même période (1836-56) il y a eu 25,011 mort-nés du sexe masculin et 19,770 mort-nés du sexe féminin, c'est-à-dire 5 mort-nés masculins pour 4 mort-nés féminins, ou, à très-peu près, 42 garçons mort-nés pour 34 filles, nombres hors de proportion avec ceux qui représentent les naissances de garçons et de filles.

Le professeur Simpson, d'Édimbourg, pour expliquer cette prépondérance des mort-nés masculins, fait intervenir la longueur du travail dans l'accouchement. On ne peut nier en effet que le volume de la tête plus considérable chez les garçons que chez les filles ne soit une circonstance défavorable qui accroisse les chances de mort des garçons. Mais si cette explication est admissible pour le fœtus viable, c'est-à-dire arrivé à un âge où le développement de la boîte osseuse peut créer des difficultés réelles dans l'expulsion, elle ne l'est plus pour le fœtus dont la tête et les membres sont encore rudimentaires; et cependant il est avéré que dans cette période peu avancée de la vie intra-utérine, la léthalité du fœtus mâle est plus considérable qu'à toute autre époque de la grossesse. En effet, nous trouvons 358 garçons mort-nés âgés de moins de six mois contre 258 filles. En résumé, la prépondérance des mort-nés masculins tient pour un peu à l'excès du nombre des naissances de garçons, pour un peu aussi aux difficultés de la parturition, plus grandes chez le garçon en raison du volume du crâne; mais cela n'explique pas tout, et il reste encore une inconnue à dégager; il appartient à la statistique de constater le fait; c'est à l'embryologie à en donner l'explication.

La mortalité à domicile et aux hôpitaux est à Paris de 1 décès à l'hôpital sur 3 à domicile; à Londres de 1 sur 5; à Stockholm de 1 sur 4; à Vienne de 1 sur 2,1; à Bruxelles de 1 sur 2. Nous avons expliqué ailleurs (*Étude sur la mortalité en* 1865, p. 55) pourquoi à Paris et à Vienne on va mourir à l'hôpital, tandis qu'à Londres on meurt surtout à domicile.

Si maintenant nous considérons la mortalité relative à Paris suivant les arrondissements, nous trouvons qu'elle varie considérablement d'un quartier à l'autre, suivant le degré d'aisance de la population. Ainsi, tandis que la mortalité (à domicile et à l'hôpital) dans le neuvième arrondissement (Opéra), un des plus riches de Paris, est de 17 pour 1,000 habitants, dans le treizième arrondissement elle s'élève à 30 pour 1,000. On pourrait croire que cela tient à ce que le treizième arrondissement, qui est fort pauvre, envoie plus de malades à l'hôpital que le neuvième arrondissement. Mais en comparant la mortalité à domicile dans ces deux arrondissements, on trouve la même disproportion : en effet dans le neuvième arrondissement il meurt à domicile 13,4 individus sur 1,000, et 23 dans le treizième arrondissement. Il n'en peut être autrement. Le neuvième arrondissement compte seulement 1,044 ménages d'indigents secourus par l'Assistance publique, tandis que dans le treizième, dont la population est moitié moindre, on en compte 3,842. Pour se faire une idée de l'indigence dans le treizième arrondissement, il suffira de dire que le loyer moyen des logements occupés par ces ménages pauvres est de 65 francs. Le loyer à 65 francs, c'est le logement réduit à sa plus simple expression, à une seule pièce employée à tous les besoins domestiques, servant tour à tour ou à la fois de cuisine, de dortoir et d'atelier. L'enquête faite en 1866 par l'Administration de l'Assistance publique a démontré en effet que sur 3,842 logements pauvres dénombrés dans cet arrondissement, 2,210 n'ont qu'une seule pièce, et dans un grand nombre de cas on a trouvé dans cette pièce unique 2, 3, 4 et jusqu'à 5 lits! C'est donc l'encombrement ou plutôt l'entassement de la personne humaine, c'est-à-dire l'insalubrité, l'infection, la maladie en permanence.

LES CONSOMMATIONS

A PARIS, A VIENNE, A BERLIN, A TURIN ET A LONDRES.

Les mœurs en sont venues à ce point que l'homme
périt surtout par les aliments.·. Le ventre est de tous
nos organes celui qui donne le plus d'occupations à
la médeçine. (PLINE, *Hist. nat.*, livre XXVI, v:ii.)

I.

LA VIANDE (1)

———

A part quelques centaines de vaches phthisiques et de chevaux
fourbus vivant à Paris et qui sont assommés sur place, les viandes
qui servent à l'alimentation de Paris viennent de l'extérieur;
mais une distinction est nécessaire : ou bien elles proviennent
des abattoirs de la capitale, ou elles nous arrivent des départements sous forme de viandes dépécées, dites *viandes à la main.*

Cette distinction des viandes suivant leur provenance de
l'abattoir ou des départements est capitale au point de vue de
l'hygiène alimentaire ; car les animaux conduits aux abattoirs

———

(1) Les chiffres qui figurent dans ce travail sont extraits des états officiels
des consommations à Paris en 1866, et à Berlin, Vienne et Turin en 1865. J'ai
emprunté les chiffres relatifs à la ville de Londres, où, comme on sait, il n'existe
pas d'octroi et par conséquent pas d'état officiel des consommations, à une inté-
ressante notice de M. Legoyt, publiée dans le *Journal de Statistique* (n° d'août
1867); M. Legoyt les a empruntés lui-même au *Quarterly Review*, revue anglaise fort estimée.

sont soumis à une inspection qui donne à la chair qu'ils fournissent une garantie qui fait malheureusement défaut aux
viandes à la main. Ces dernières nous arrivent en grande partie
des départements voisins de la Seine, surtout d'Eure-et-Loir et
de Loir-et-Cher, c'est-à-dire des plaines de la Beauce, où règnent endémiquement la pustule maligne, le claveau et le sang
de rate.

Les habitants de ces pays, et j'en ai recueilli moi-même le
témoignage sur place, ne font aucune difficulté d'avouer que
lorsqu'une épizootie sévit sur les bestiaux, les propriétaires
s'empressent d'abattre les bêtes malades ou suspectes et de les
écouler sur Paris, où elles pénètrent sans subir aucun contrôle
sérieux. Une observation qui m'est personnelle montrera tout
le danger d'un pareil état de choses. Un soir, en découpant sur
ma table un gigot de mouton, je vis sourdre du pus sous le
couteau ; je fis mettre de côté ce gigot, et le lendemain je le fis
porter chez le boucher, qui, pressé de questions, finit par
m'avouer qu'il recevait une partie de sa viande de province.
Très-certainement le mouton qui avait fourni ce gigot avait dû
succomber à une maladie infectieuse. On me dira qu'en 1814 les
habitants d'Alfort firent manger aux Cosaques de Platoff de la
viande de chevaux qui étaient morts du farcin, sans qu'il ré-
sultât rien de fâcheux d'un pareil repas; j'avoue que cet
exemple me rassure peu.

Même lorsqu'elles proviennent d'animaux sains, ces viandes à
la main doivent être tenues pour suspectes, car elles nous arrivent le plus souvent dans un mauvais état de conservation, soit
que n'ayant pu être débitées en province, elles aient été diri-
gées tardivement sur Paris, soit que dans le transport elles
aient subi un commencement de décomposition. Il n'y a pas
d'exagération à dire que ces viandes défraîchies, faisandées,
peuvent déterminer des troubles des voies digestives, ou des
accidents généraux. J'ai entendu raconter à feu Gratiolet que
quatre étudiants qui avaient mangé un lièvre et quelques per-
drix faisandés que l'un d'eux avait portés d'un département
méridional, avaient eu des éruptions de furoncles, et qu'un

autre convive qui assistait à leur repas et qui s'était abstenu du gibier n'avait rien eu de semblable.

J'ai dit plus haut que les viandes provenant d'animaux conduits aux abattoirs sont l'objet d'une inspection sévère; il est cependant un cas où cette inspection est en défaut, et le cas mérite d'être signalé. On sait que les quinze ou vingt mille vaches qui fournissent à l'approvisionnement de lait de Paris, vivent dans des étables d'où elles ne sortent jamais : cette reclusion perpétuelle engendre à la longue chez elles la phthisie, et le nourrisseur ne songe à se défaire de l'animal que lorsqu'il présente les signes de la consomption à son dernier degré. « Cette maladie du gros bétail, écrit M. Pierre, vétérinaire inspecteur de l'hippophagie, a toujours régné à l'état endémique chez les nourrisseurs de Paris et de la banlieue, qui se débarrassent sur le marché de La Chapelle de toutes les bêtes qui peuvent encore marcher; celles qui ne peuvent plus se soutenir, tant leur poumon a été désorganisé par la maladie, sont vendues sur litière. »

En 1866 les abattoirs de Paris ont livré 120,904,877 kilog. de viande de bœuf, de vache, de veau ou de mouton, et les chemins de fer 24,824,109 kilog. de *viande à la main.*

A ces chiffres il faut joindre celui de la consommation de la viande de porc, qui est de 18,176,164 kil. dont près de la moitié nous arrive sous forme de *viande à la main.* Le danger est ici plus grand peut-être que celui que nous venons de signaler pour les viandes à la main fournies par les bêtes à cornes. Car s'il n'est pas parfaitement établi que la chair d'une vache phthisique puisse rendre malades ceux qui en mangent, on sait du moins quelle terrible maladie peut résulter de l'usage de la viande de porc. M. Delpech, dans son rapport sur la trichinose, avait demandé qu'un service de microscopie fût installé aux abattoirs, et que, comme cela se pratique à Berlin depuis plusieurs années, des médecins fussent chargés, à Paris, de l'inspection de la viande de porc; c'était le vœu unanime des membres de l'Académie de médecine, devant qui le rapport avait été lu; mais les académies proposent et les ministres disposent. La proposition du docteur

Delpech est restée à l'état de *desideratum*, et nous mangeons e porc tel quel à Paris.

Nous devons dire quelques mots de la viande de cheval : c'est une industrie naissante, mais elle est pleine d'avenir. Le premier étal a été ouvert le 9 juillet 1866 ; aujourd'hui on compte 17 étaux installés sur divers points de Paris. Dans l'espace d'une année, il a été abattu 2,312 chevaux, au rendement moyen de 260 kilog. Il a été abattu dans le même temps 78 ânes et quelques mulets. A Vienne, 1,954 chevaux ont été abattus en 1863 et ont fourni 341,950 kilog. de viande. A Berlin, on a abattu 1,507 chevaux en 1865, et à Turin 73.

Ce serait un lieu commun que d'insister sur les qualités de la viande de cheval : nous ne ferons qu'une remarque qui a son importance au point de vue de la santé publique, c'est qu'il n'est pas un des chevaux abattus qui ne soit visité par un inspecteur nommé par la préfecture de police ; c'est M. le vétérinaire Pierre, dont tout le monde connaît le zèle éclairé, qui est chargé de ce service spécial ; c'est grâce à son activité que l'hippophagie a débuté avec tant de succès à Paris. Mais pour que cette industrie puisse rendre à la population tous les services qu'on en attend, il faut que l'administration exonère les bouchers qui vendent la viande de cheval d'une partie des lourdes charges qui pèsent sur eux, et que l'autorité cesse de paraître embarrassée et comme honteuse du patronage légal qu'elle accorde à cette industrie.

En tenant compte de toutes les espèces de viandes consommées à Paris, sauf le gibier et la volaille, on trouve qu'un Parisien mange en moyenne 78 kilog. de viande par an ; à Vienne, cette consommation est de 87 kilog. ; à Berlin de 53, et à Turin de 24. A Londres, où le bifteck est un mets d'institution nationale, le chiffre de consommation de la viande est de 109 kilog. par tête et par an. Ajoutez à cela que le Londoner consomme une quantité de poisson quintuple de celle qui suffit au Parisien ou à l'habitant de Vienne et de Berlin.

Ces chiffres montrent combien plus substantielle que la nôtre est la nourriture de l'habitant de Londres. Non-seulement il lui faut une alimentation plus réparatrice, mais le besoin de la réparation se fait sentir plus souvent. L'Anglais déjeune, dîne, *lunche*, soupe et prend son thé (*tea and cakes*), puis va dormir sur cette demi-douzaine de repas, pour recommencer à son réveille même tour de force gastronomique. « Le brouillard de la Tamise creuse, dit le Londoner, en parlant de ces journées si bien remplies »: sous une forme triviale, ce dicton exprime une loi de physiologie remarquable, c'est que la capacité digestive de l'homme varie avec la latitude, et, comme diraient les mathématiciens, semble être une fonction du climat. L'habitant de Turin consomme deux fois plus de pain que celui de Londres, mais sa ration de viande est quatre fois moindre que celle de l'Anglais. A Rome elle est cinq fois moindre ; plus au Sud encore, elle est presque nulle : le *popolano* de Naples se sustente avec un sou de macaroni et deux ou trois de ces fruits succulents que les revendeuses promènent sur le quai de Chiaja en criant : *Co tre calle vive, magne e te lava a faccia,* c'est-à-dire : pour trois liards tu bois, tu manges et tu te débarbouilles. Il faut dire aussi que le Londoner développe une plus forte somme de travail physique ou intellectuel que le Napolitain.

Complétons ces données par quelques chiffres relatifs à la consommation du poisson, de la volaille et du gibier à Paris. La vente du poisson et de la marée s'est élevée à 345,000 kilog., d'une valeur totale de 16,876,947 fr. Il s'est vendu 1,886,000 kil. de volaille et gibier s'élevant à une valeur de 25 millions de fr. Ce dernier chiffre, réparti sur toute la population, représente une volaille par habitant. Mais ce n'est là qu'une *moyenne* de cabinet : combien d'habitants prélèvent plus que cette moyenne fictive! combien plus encore, en dépit du mot de Henri IV, ne mettent et ne mettront jamais la poule au pot! J'ajouterai ici que l'espèce gallinacée est soumise, comme la race bovine, à des épizooties assez fréquentes et que les observations que nous avons faites sur le trafic des viandes suspectes de bœuf ou de mouton s'applique de touts points à la vente de la volaille. Ainsi, en 1865, au moment même où le choléra sévissait à Paris, il régnait dans les environs de la capitale une épizootie singulière qui dépeupla les basses-cours. Je connais un fermier de La Cour-Neuve (Saint-Denis) qui envoya et vendit sur le marché de Belleville un certain nombre de poules qui étaient mortes de cet étrange mal, qui n'était pas sans analogie avec le choléra.

II

LE PAIN

La quantité de farine introduite à Paris en 1866 est de 203,435,424 kilog. représentant 264,466,050 kilog. de pain; car avec 100 kilog. de farine les boulangers trouvent le moyen de nous faire 130, parfois même 133 kilog. de pain par l'addition de l'eau.

Le chiffre de la consommation moyenne par jour et par habitant est de 397 grammes en 1866. Je trouve dans un état des subsistances de Paris, en 1789, dressé par Lavoisier, que chaque Parisien consommait à cette époque 460 grammes de pain; mais en revanche on consommait'un peu moins de viande. Dans les quartiers riches comme le neuvième arrondissement (Opéra), la consommation moyenne en pain est seulement de 336 grammes; dans les quartiers pauvres, comme le vingtième arrondissement, la ration journalière par habitant s'élève à 460 grammes.

A Berlin il a été consommé, en 1865, 74,579,418 kilog. de pain de froment et de seigle, ce qui donne une ration moyenne de 320 grammes par jour. A Turin, le chiffre de la consommation moyenne est de 770 grammes.

C'est un fait digne de remarque que le chiffre de la consommation des céréales augmente à mesure qu'on descend dans le Sud, tandis que celui de la viande diminue. J'ajouterai que Turin a consommé en outre 29,041 hectolitres de riz et 211,231 hectolitres de maïs ou blé de Turquie (meliga). On sait quelle relation existe entre l'usage alimentaire du maïs et la pellagre : le chiffre considérable de la consommation du maïs à Turin expliquerait peut-être pourquoi la pellagre est endémique dans cette ville. Dans le tableau des décès constatés à Turin en 1865, on trouve six morts par pellagre.

Le pain que nous mangeons à Paris est en général d'une excellente qualité, mais il est sujet à des falsifications qui non-seulement lui enlèvent ses propriétés nutritives, mais qui dans certains cas peuvent provoquer des accidents. Je n'ai pas l'intention d'entrer ici dans des détails sur les adultérations que l'on fait subir à cet aliment de première nécessité ; ce sujet a été traité bien des fois dans des ouvrages spéciaux ; je me contenterai de signaler un genre de fraude qui s'exerce en ce moment sur les farines provenant de la récolte de 1867.

On sait que la récolte des blés dans les départements qui avoisinent Paris et qui sont le grenier de la capitale s'est faite par une saison extraordinairement pluvieuse (1). Les grains ont donc été engrangés dans de mauvaises conditions de conservation. Dans quelques localités les propriétaires se sont empressés de faire moudre le grain et d'écouler les farines ; ces farines, ayant été emmagasinées dans un état de dessiccation incomplète, n'ont pas tardé à fermenter. La spéculation trouve néanmoins le moyen d'utiliser comme denrée alimentaire ce produit innomé, qui est inexploitable même pour l'amidon et la colle de pâte. Je laisse à M. Duchêne, écrivain qui s'est donné pour mission de dévoiler les turpitudes de l'agiotage et du parasitisme mercantile, le soin d'expliquer ce moyen. « Une Société

---

(1) Le mois de juillet (messidor) a compté en 1867 vingt-deux jours pluvieux, ce qu'on n'avait plus observé depuis l'année 1828 où l'on compta dans le même mois vingt-quatre jours de pluie. Remarquons en passant que c'est dans cette année 1828 et en 1829 que sévit à Paris et dans quelques localités des départements voisins, le mal épidémique désigné sous le nom d'acrodynie, sorte d'ergotisme au premier degré déterminé par l'usage du pain fabriqué avec des farines mouillées.

alimentaire de Paris est encombrée en ce moment de farines fermentées; pour s'en défaire, elle a imaginé de les faire repasser à la meule, de les *rafraîchir*, suivant l'expression technique. Cette remise à neuf ne leur rendra, bien entendu, aucune des qualités nutritives perdues, elle leur redonnera ce que dans l'argot de la Halle aux blés on appelle de l'*œil*. Cette compagnie a peine à trouver une usine où faire retaper ses produits avariés. Elle a demandé à un meunier de Saint-Denis de se charger de cette opération; mais ce dernier a répondu qu'il ne *travaillait pas dans des malpropretés pareilles*. » Nous signalons à qui de droit ce genre de sophistication, qui est très-commun dans les années où les farines sont mouillées, et qui peut avoir de graves conséquences pour la santé publique.

III

LES BOISSONS

§ 1. *Boissons fermentées.* — « Le vin et la bière, dit le poëte Massey, le Béranger des Anglais, se sont rencontrés à Waterloo. » Le trait est caractéristique. Ce qui en effet, à un certain point de vue, différencie le Français de l'Anglais, et plus généralement la race latine de la race anglo-allemande, c'est que l'une boit du vin et l'autre de la bière; mais la différence n'est que dans la nature des boissons ingérées; buveurs de bière et buveurs de vin, nous nous ressemblons par l'énorme quantité de liquide absorbé; on va en juger par les chiffres suivants.

La quantité de vin consommée à Paris en 1866 s'élève à 3,322,544 hectolitres, la quantité d'alcool à 117,893 hectolitres; la bière figure pour un chiffre de 317,818 hectolitres. C'est donc une consommation moyenne par habitant de 182 litres de vin, 6 litres et demi d'alcool et 17 litres de bière. Dans l'état des consommations de Paris pour 1789 dressé par Lavoisier, je vois qu'au moment de la Révolution on buvait à Paris en moyenne 114 litres de vin, 3 litres et demi d'alcool et 9 litres de bière. Ainsi, quoi qu'on en ait dit, nous buvons plus que nos pères, et il est vraisemblable que nos enfants boiront plus que nous.

Les chiffres de consommation moyenne que je viens de donner représentent d'une manière assez exacte la *capacité* du Parisien pour les boissons. Ils résultent, en effet, des relevés de l'octroi, et le régime des octrois, dans les villes comme Paris qui en sont dotées, présente du moins cet avantage, le seul qu'on ne puisse lui contester, de faire connaître assez précisément l'état des consommations. Londres n'ayant pas d'octroi, on ne peut qu'évaluer approximativement le chiffre de ses consommations; voici les chiffres donnés par le *Quarterly Review* :

Bière......f   327 millions de litres ou 138 litres par habitant.
Vin........   69.855 hectolitres   ou   3 litres par habitant,
Spiritueux..   9 millions de litres   ou   4 litres par habitant. ,

Je crois que ces chiffres sont fort au-dessous de la vérité, particulièrement en ce qui concerne la bière ; ces nombres ne répondent pas au chiffre énorme d'affaires des brasseries de Londres. Ainsi la brasserie Barclay et Parkins fabrique jusqu'à 100 mille gallons, soit 450 mille litres de bière par jour. Comment croire en outre qu'il ne se consomme que 90 mille hectolitres de spiritueux dans une ville qui compte 150,000 ivrognes de profession (*habitual drunkards*), ayant chaque année maille à partir avec la police? Je ne parle pas des ivrognes du *high life*, se gorgeant à huis clos de gin et de porto. Le bulletin des décès de Londres constate qu'il y a eu en 1866 dans cette ville 205 morts par intempérance (*alcoolism*). C'est naturellement aux époques des grandes fêtes que ces morts par intempérance deviennent en quelque sorte épidémiques; mais je remarque qu'à ce moment l'ivrognerie se traduit à Londres par une autre espèce d'accident qu'il est bon de signaler : je veux parler des nourrissons étouffés par des nourrices ou par leurs parents plongés dans le sommeil de l'ivresse, *somno vinoque sepulti*. On sait que la Christmas ou Noël est la grande fête des Anglais, et qu'elle est arrosée *intra muros* par de copieuses libations : la dernière semaine de décembre est toujours marquée à Londres par un nombre considérable d'asphyxies de nouveau-nés tenant à cette cause.

A côté du Parisien et du Londoner, l'habitant de Berlin peut passer pour sobre, car il ne consomme par an que 112 litres de bière et une quantité insignifiante de vin et de liqueurs alcooliques. Dans la note qui m'est transmise par le docteur Engel de Berlin, je ne trouve pas un seul cas de décès causé par l'alcoolisme ; si cette maladie existe à Berlin, elle est au moins très-rare.

L'habitant de Vienne sert de transition entre les races latine et anglo-germanique; il boit du vin et de la bière ; la consommation annuelle par bouche est de 81 litres de vin et 31 de bière.

La quantité de vin consommée à Turin est de 146 litres par personne; la bière et l'alcool figurent l'un pour un chiffre de 0 lit. 5, l'autre de 2 litres par individu.

§ 2. *Les eaux.*—La quantité d'eau distribuée à Paris en 1866 s'élève à 59,520,248 mètres cubes pour tous les besoins. Cela revient à dire que le cube d'eau par habitant et par jour est de 89 litres; c'est un peu plus que nous n'avions eu en 1865 (81 litres), mais c'est encore moins qu'à Londres, où le cube d'eau par habitant s'élève à 138 litres en 1866.

Ce n'est pas seulement la quantité d'eau distribuée à une ville qu'il nous importe de connaître, mais aussi sa qualité, en tant du moins qu'elle sert aux besoins alimentaires des habitants. Sous ce rapport d'importantes améliorations ont été apportées au service des eaux de Paris depuis un an. Jusqu'en 1865 et pendant toute cette année, la Seine et l'Ourcq étaient les grandes sources d'approvisionnement de Paris. L'emploi de ces eaux et principalement des eaux de Seine présentait de graves inconvénients. En effet: la plupart des pompes élévatoires de la Seine sont installées, comme on sait, en aval de Paris, et les eaux que nous recevons de cette provenance sont nécessairement contaminées par les résidus de toute sorte que reçoit le fleuve en traversant la capitale. Tant que les eaux sont hautes, aussi longtemps du moins que le fleuve conserve son débit normal, les effets de cette contamination sont peu sensibles. Mais que le volume d'eau de la Seine vienne à diminuer considérablement, les impuretés qui souillent le fleuve n'étant plus diluées dans une quantité d'eau assez grande, la santé publique peut être gravement atteinte par l'usage d'une pareille boisson. On en a un exemple mémorable dans ce qui arriva en 1731. Les chaleurs torrides de cette année avaient considérablement diminué le volume de la Seine; la fin de l'été fut marqué par une épidémie qui fit périr plus de deux mille personnes. « Nous observons, disait de Jussieu chargé de faire une enquête à ce sujet (*Histoire de l'Académie royale des sciences pour* 1733) que les personnes qui par la situation de leurs maisons étaient dans les quartiers où l'on avait la facilité de n'user que de l'eau de fontaine, furent exemptes de l'incommodité que ressentirent la plupart de ceux qui étaient obligés de boire de l'eau de Seine. »

Mais ce que nous avons observé à Paris en 1865 est bien autrement instructif. La sécheresse qui survint vers la fin de l'été avait tellement abaissé le niveau de la Seine, que ce fleuve qui, en temps normal, débite 130 mètres cubes d'eau par seconde, n'en débitait plus que 26, et quelle eau ! Le volume des immondices liquides versées par les exutoires de Paris dans la Seine étant, suivant l'évaluation du professeur Dumas, de un mètre cube, il s'ensuit que l'eau élevée par les pompes à feu pour les besoins de la consommation contenait 1/26 d'immondices liquides. Il est un quartier de Paris qui reçoit ou du moins qui recevait à cette époque ses eaux exclusivement de la Seine : c'est précisément là que le choléra a fait le plus de ravages. Le dix-septième et le dix-huitième arrondissements (Montmartre et Batignolles), qui renferment une population de 223,000 habitants, étaient alimentés par les bassins du passage Cottin; ces bassins recevaient leurs eaux de Saint-Ouen, à l'aide d'un conduit aboutissant à une pompe installée dans la Seine, à 1,500 mètres au-dessous du grand égout collecteur. La mortalité, nous le répétons, fut excessive dans ces deux arrondissements et hors de toute proportion avec celle des arrondissements limitrophes qui étaient alimentés par l'Ourcq.

La mortalité fut grande aussi à Clichy, à Puteaux, à St-Denis (ville et île de ce nom), situés en aval de Paris, et buvant comme Montmartre les eaux contaminées de la Seine, pendant que le chiffre des décès cholériques constatés dans les localités riveraines situées en amont de Paris, comme Alfort, Choisy, Charenton, était nul ou insignifiant.

C'est à la même cause qu'il faut rapporter l'épizootie singulière qui à cette même époque (septembre et octobre 1865), fit périr presque tout le poisson de la basse Seine au-dessous de Paris, à ce point qu'à Asnières, à Saint-Ouen, les riverains s'amusaient à prendre à la main les *machabées* (c'est le nom qu'on donne au poisson de la Seine), qui s'en allaient à vau l'eau, flottant à la surface, le ventre en l'air (1), tandis que rien de semblable n'était observé en amont de Paris, ni sur la haute Seine, ni sur la Marne. Le poisson était empoisonné par les eaux contaminées de la Seine; comme dans les expériences bien connues de M. Thiersch (de Munich) sur l'effet de l'ingestion de la matière cholérigène par les animaux, les rats étaient empoisonnés par les déjections cholériques.

Quelque réserve qu'il faille apporter dans l'appréciation des causes qui influent sur le développement du choléra, il est difficile de ne voir dans ces faits qu'une simple coïncidence ; tout porte à croire au contraire qu'il existe entre eux un rapport rigoureux de cause à effet. Hâtons-nous d'ajouter que l'administration municipale a introduit dans le système des eaux publiques qui alimentent Montmartre et Batignolles, de grandes

---

(1) Des quantités considérables de ce poisson furent portées sur le marché à la halle et confisquées par les inspecteurs.

améliorations. La prise d'eau de Saint-Ouen a été définitivement supprimée, et depuis le commencement de 1866 les bassins de la butte Montmartre qui alimentent le dix-septième et le dix-huitième arrondissement reçoivent les eaux de la Dhuys. Nous constatons avec plaisir qu'aujourd'hui les eaux sont distribuées pour les usages privés dans onze arrondissements, et il y a lieu d'espérer qu'avant peu les eaux de la Dhuys auront remplacé dans tous les quartiers et dans tous les ménages les eaux malsaines de l'Ourcq et de la Seine.

La composition des eaux que nous buvons laisse beaucoup à désirer ; sous le rapport de la température, elles ne 'sont pas moins défectueuses ; les eaux de l'Ourcq, qui constituent la principale source d'alimentation, présentent de grands écarts de température ; en hiver cette température s'abaisse jusqu'à 4 degrés, et en été elle s'élève jusqu'à 22 degrés.

Les eaux d'Arcueil arrivent à Paris à une température moyenne annuelle de 10 degrés ; la température maximum observée en été n'a pas dépassé 12 degrés, et en hiver elle n'est pas descendue au-dessous de 9 degrés ; au point de vue de la température, ces eaux ne laissent donc rien à désirer ; mais elles ont un faible débit (762 mètres cubes en 24 heures). En outre elles sont fortement calcaires ; au siècle dernier, Geoffroy leur reprochait de provoquer les dépôts urinaires ; ce médecin avait observé que la pierre était une maladie beaucoup plus fréquente dans les quartiers où l'on se servait de l'eau d'Arcueil que dans ceux où l'on buvait d'autres eaux, et il attribuait ce résultat au carbonate calcaire qui sature ces eaux ; c'est là un fait qui mériterait confirmation.

Les eaux de la Dhuys ont un débit moyen de 20,606 mètres cubes en 24 heures. La température de ces eaux, d'après les observations publiées par le *Bulletin de statistique municipale*, a oscillé entre 9 et 12 degrés ; mais il faut ajouter que ces nombres expriment la température de l'eau à la bâche d'arrivée au réservoir de Ménilmontant. Nous ignorons à quelle température l'eau arrive aux machines de distribution, et c'est là ce qu'il nous importerait de savoir. Nous maintenons donc jusqu'à

6

nouvel ordre ce que nous disions (1) des bassins de Ménilmontant, que l'eau, en y séjournant, s'y échaufferait, comme cela a lieu pour l'eau de Seine dans les réservoirs de Passy, identiques à ceux de Ménilmontant.

Nous avons montré le rôle que, suivant nous, les eaux contaminées de la Seine avaient joué dans la diffusion du choléra sur quelques points de Paris où elles étaient distribuées. L'enquête sur le choléra de 1866, à Londres, n'est pas mois instructive. C'est un fait digne de remarque, que l'épidémie a sévi presque exclusivement sur les districts Est de Londres, dans cette partie de la métropole limitée par un triangle ayant pour sommets la Tour de Londres, le parc Victoria et l'île des Chiens. Chose non moins remarquable, les districts où régnait l'épidémie recevaient leurs eaux potables de la même compagnie, celle dite *East London Company*, laquelle puise ses eaux dans la rivière Lea, en aval du débouché des égouts d'Hertford et de Ware, en aval aussi de la ville d'Epping, où sévissait le choléra. On voit quelle analogie existe sous ce rapport entre les districts d'East London et le dix-huitième arrondissement recevant ses eaux par une pompe à feu installée dans la Seine, un peu au-dessous du débouché du grand collecteur.

Mais tous les districts alimentés par la compagnie d'East London ne furent pas frappés avec une égale intensité par le choléra ; ainsi, tandis que dans deux de ces districts la mortalité était à peine de 12 décès pour 10,000 habitants, dans les six autres districts elle s'élevait à 82 pour 10,000. L'enquête ouverte à ce sujet constata que tous ces districts, bien qu'approvisionnés avec les eaux de la Lea, les recevaient dans des conditions différentes de filtration : l'eau qui était distribuée aux deux districts relativement épargnés était préalablement purifiée dans les filtres de sable de *Lea Bridge*, tandis que les districts maltraités étaient alimentés par les réservoirs d'*Old Ford*, où les procédés de filtration étaient nuls ou extrêmement défectueux.

---

(1) Voir *Études sur la mortalité en 1865*, page 36.

Ce n'est pas tout : à deux ou trois milles au nord de Londres, est une vaste agglomération manufacturière d'environ 80,000 habitants : c'est l'immense bourg de West-Ham, qui se compose de quatre sous-districts. Deux de ces sous-districts recevaient leurs eaux de *Lea Bridge*, les autres de *Old Ford*. Eh bien, tandis que le nombre des décès cholériques était de 6 pour 10,000 dans les deux premiers sous-districts, il s'élevait à 58 pour 10,000 dans les deux sous-districts recevant leurs eaux de *Old Ford*; remarquons d'ailleurs qu'à *West-Ham* comme dans *East London*, les quartiers épargnés ou maltraités se trouvaient dans des conditions identiques d'aisance et de salubrité.

Des plaintes unanimes s'élevèrent dans la presse anglaise contre le mauvais état des réservoirs de Old Ford. La compagnie d'East London s'empressa de changer le système hydraulique de Old Ford, et M. Farr signala la singulière coïncidence entre l'intervention des ingénieurs de la Compagnie et la diminution instantanée, puis la cessation de l'épidémie dans les quartiers d'East London.

Des analyses chimiques de ces eaux furent faites par le professeur Frankland, membre de la Société royale de Londres. Les résultats obtenus ne différaient pas sensiblement de ceux que donnait l'analyse des eaux des autres compagnies. Mais ce résultat, purement négatif, ne prouvait qu'une chose, l'imperfection des procédés d'analyse employés. En effet, comme le fait très-bien remarquer M. Frankland lui-même (1), les eaux mélangées de 1/500 de leur volume du liquide évacué par un cholérique (*rice-water evacuation*), traitées par le permanganate de potasse, présentent à l'analyse organique un degré de pureté aussi grand que les eaux ordinaires de Londres.

Ce n'est pas sortir du sujet que de rapporter le fait suivant de contamination des eaux potables par des déjections cholériques. J'en emprunte la relation à Dinger.

Hirschberg, petite ville de l'Allemagne, tire ses eaux potables

---

(1) Voir supplément au *Weekly return*, n° 46, page 850.

d'un ruisseau qui, avant d'arriver à cette localité, traverse le bourg de Dobareuth, situé à quelques milles en amont. Le 5 octobre 1866, un maçon de Zwickau fut atteint du choléra à Dobareuth et succomba le 8 octobre. Les déjections riziformes de cet homme et les matières qu'il avait vomies furent jetées dans une fosse d'aisances qui se déversait dans le ruisseau; c'est aussi dans le ruisseau qu'on lava les linges et les pièces de literie souillés pendant la maladie de cet homme. Dans les journées du 9 et du 10 octobre, dix personnes furent prises de choléra à Hirschberg, où jusque-là on n'en avait pas observé un seul cas, et il fut constaté que toutes ces personnes avaient bu l'eau du ruisseau. Ce fut le début d'une épidémie extrêmement meurtrière, qui respecta bien peu de maisons. Un fait qui fut remarqué, c'est que les habitants de deux moulins établis sur ce ruisseau, et qui n'avaient pas bu de cette eau, ne présentèrent aucun symptôme de choléra.

§ 3. *Boissons glacées.* — De la nécessité où nous sommes de boire en été des eaux chaudes, est née l'industrie des boissons glacées. La quantité de glace introduite à Paris en 1866 s'élève à 6,790,797 kilog. Ce n'est là qu'une partie de la glace consommée, celle qui nous vient des glacières des environs de la capitale, notamment de celles du bois de Boulogne, et qui sont frappées d'un droit d'entrée. Il s'en fabrique à l'intérieur des quantités considérables : cette glace, fabriquée *intra muros* par des procédés artificiels, tend de plus en plus à se substituer aux glaces naturelles de provenance extérieure, dont le prix de revient est beaucoup plus élevé. Chacun a pu voir fonctionner au palais de l'Exposition universelle ces magnifiques appareils à réfrigération, qui fabriquent des blocs de glace énormes, en utilisant le froid produit par le passage du gaz ammoniac liquéfié à l'état gazeux. Un kilogramme de gaz liquéfié, en se vaporisant, peut congeler un kilogramme d'eau, au prix de 1 centime le kilogramme.

L'usage des boissons glacées produit chaque année, pendant l'été, un certain nombre d'accidents. Ces accidents sont extrêmement fréquents à New-York, où la consommation de la glace est douze fois plus considérable qu'à Paris. C'est à des accidents de ce genre qu'il faut rapporter certaines morts tragiques, que l'histoire considère comme l'œuvre du crime : la mort du dauphin, fils de François Ier, buvant au jeu de paume un verre d'eau glacée et succombant en quelques heures, événement qui amena l'arrestation et le supplice de son échanson, le comte Montecuculli, soupçonné d'avoir empoisonné le prince. Nous citerons encore la mort du serrurier Gamain, le constructeur de la célèbre armoire de fer des Tuileries, lequel avait bu pendant son travail une glace qui lui avait été offerte par Louis XVI. On sait que la Convention, confirmant le soupçon d'empoisonnement, décerna une pension à la veuve de cet ouvrier. « Les cours, disait l'abbé Grégoire, sont l'atelier des crimes. » Oui, sans doute ; mais il n'est pas besoin de charger le dossier des rois de crimes imaginaires. La science doit restituer à ces faits leur véritable caractère.

IV

LE TABAC

A Paris, ou plus exactement dans le département de la Seine, la consommation du tabac sous toutes formes (en poudre ou en feuilles) est de 1,641 grammes par habitant, sur lesquels 1,275 à fumer. Le tabac en poudre, que nos pères prisaient tant, figure à peine pour 1/5. La tabatière s'en va, mais nous l'avons remplacée par la pipe et le cigare ; le vice n'a fait que changer de forme, et il faut bien convenir que l'élégance n'y a pas gagné, pas plus que l'hygiène.

Dans une récente discussion qui a eu lieu à l'Académie des sciences morales et politiques, un homme dont la compétence est établie en matière d'aliénation mentale, M. Lélut a soutenu que l'accroissement prodigieux qu'a pris la consommation du tabac en France n'a pas été sans influence sur le développement de plus en plus grand de la folie dans notre pays. Quelle que soit l'autorité de ce médecin en pareille matière, il m'est impossible de souscrire à cette opinion, et voici sur quelles raisons je me fonde. S'il était vrai que le tabac eût quelque influence sur le développement de la folie, cette influence serait surtout manifeste dans les pays où l'on fume le plus et se traduirait par un nombre plus considérable d'aliénés, ce que la statistique dément. En effet, et sans sortir de notre pays, nous voyons que le Pas-de-Calais, qui est celui de nos départements qui consomme le plus de tabac (2,405 grammes par individu) est classé, dans le tableau de l'aliénation mentale (1), au-dessous du département *moyen*. Et si nous sortons de la France, nous constatons que la Hollande, qui est le pays de l'Europe où l'on fume le plus (2,684 gr. par individu, en France 785 gr.), est un des pays qui compte le moins d'aliénés. Mais voici une preuve encore plus péremptoire. La statistique des aliénés pour les trente dernières années montre que ce n'est pas seulement le sexe qui fume, c'est-à-dire les hommes, qui fournit un contingent de plus en plus grand à la folie, mais que le sexe féminin prend sa part à cet accroissement, et que pour la femme la progression est même plus rapide que pour l'homme. Le tabac n'est donc pas le grand coupable, comme on l'a soutenu à l'Académie ; les causes de l'accroissement de la folie dans notre société sont d'un ordre plus élevé ; mais il nous est interdit d'en aborder ici l'étude.

On est plus près de la vérité quand on signale les troubles causés par l'abus du tabac sur l'appareil circulatoire. Claude Bernard a démontré l'action perturbatrice élective que la nicotine exerce sur le cœur. Or, on sait que le tabac à fumer contient une proportion considérable de cet alcaloïde : le tabac de Tonneins en renferme jusqu'à 8 pour 100. Cela ne veut pas dire que cette dose considérable de nicotine, qui entre dans la composition du tabac, soit tout entière absorbée par l'économie. Il s'en dissout

---

(1) *Statistique générale de la France*, tome XIII, 2ᵉ série, page xlvij.

une certaine quantité dans la salive, et cette quantité, si minime qu'elle soit, peut à la longue déterminer des accidents de l'appareil circulatoire. J'ai donné des soins à un homme de 45 ans, chez qui une dyspepsie datant de plusieurs années se compliquait de troubles cardiaques. Il y avait des moments d'arrêt dans les battements du cœur, et ces irrégularités se traduisaient par des intermittences du pouls que le malade avait constatées lui-même avant de me consulter. Je dois ajouter qu'il fumait habituellement de 50 à 60 grammes de tabac par jour. Je connaissais les intéressantes observations de Beau sur les effets du tabac à fumer, et je soupçonnai que les symptômes observés chez ce malade se liaient à l'usage du tabac. Je basai le traitement sur cette donnée ; le malade réforma résolûment ses habitudes ; quinze mois après, les intermittences du cœur avaient notablement diminué, ce qui prouverait que les troubles étaient nerveux ou fonctionnels, mais non organiques.

Le docteur Decaisne, qui a présenté à l'Académie des sciences un mémoire sur les effets du tabac, déclare que sur 88 fumeurs invétérés, il a constaté 21 fois l'intermittence du pouls. J'ai dit plus haut que le malade que j'avais soigné était dyspeptique ; je n'hésite pas à croire que la dyspepsie tenait à la même cause que les battements irréguliers du cœur ; on sait d'ailleurs que les grands fumeurs sont rarement de grands mangeurs.

Il y a quelques années, les journaux anglais ouvrirent une campagne contre le tabac ; des sociétés à l'instar des sociétés de tempérance, se formèrent à Londres pour réformer les habitudes du public anglais. Une pétition fut même adressée à la Chambre des communes. Sir Benjamin Brodie, qui avait refusé de signer la pétition, parce qu'il ne reconnaissait pas la compétence de la Chambre dans une question que la médecine seule pouvait trancher, publia, dans le *Times* du 28 août 1860, une lettre dans laquelle il exposait les résultats de son observation sur les abus du tabac. Au nombre des accidents que ce médecin imputait à la pipe, il rangeait l'irritabilité nerveuse qu'on observe chez quelques fumeurs, irritabilité qu'il comparait au *delirium tremens* chez les alcoolisants.

TABLE DES MATIÈRES

BIBLIOTHEQUE   NATIONALE

SERVICE DES NOUVEAUX SUPPORTS

58, rue de Richelieu, 75084 PARIS CEDEX 02 Téléphone 266 62 62

Achevé de micrographier le : 27 / 12 / 1976

Défauts constatés sur le document original

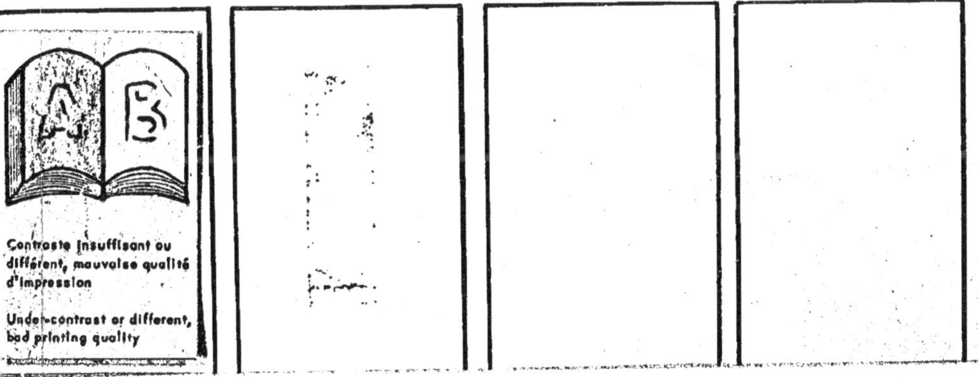